恥韓の根源

シンシアリー

SincereLEE

はじめに

二〇一八年十月三十日、韓国の最高裁判所は、新日鐵住金（現・日本製鉄）に対し、併合時代に「強制徴用」されたと主張した原告人及びその遺族に、一人一億ウォン（為替レートにもよりますが、約一千万円）の慰謝料請求を認めて、新日鐵住金に賠償を命じました。

日韓の問題はこれだけではありませんが、この件は戦後日韓関係の根幹でもあった基本条約を否定するものであります。それから「反人道的問題だから条約では解決できない」と「感情」を主張する韓国と、「明らかな国際法違反だ」と「法」を主張する日本の間には、戦後最悪と言われる溝が作られるばかりで、二〇二一年を迎えた今でも、まったく解決の糸口など見えていません。

本書は、今までの拙著と方向性は同じですが、アプローチが多少異なります。これまでは基本的に、韓国で生まれ育った人間として、韓国が認識している「日本」たる存在がどれだけ歪《ゆが》んでいるものなのか、持論と経験から日韓関係を考察してきました。そして、最新の記事などを資料として付け加える形で、本を執筆してきました。

ですが、本書は、その逆です。古い記事、百年前のものから十年前のものまで、どこをどうみても最新とは言えない記事を紹介し、それらをもって「今」の日韓問題を考察していきます。もちろん、古い記事を紹介して「はい、昔はこんな論調でした」で終わるのではなく、似たようなテーマの最新の記事と繋《つな》げることで、韓国側の対応が、どれだけ矛盾しているのかを、論じてみました。

韓国が「強制徴用された」と主張する朝鮮人労働者問題を扱った最近の記事と、実際に彼ら朝鮮人労働者たちを取材した百年前の記事を比較すると、その新旧記事の間にはどんな矛盾が見えてくるのでしょうか。一九六五年の韓国側の記事には、日韓基本条約についてどんな内容が書いてあるのでしょうか。当時、韓国の閣僚たちは、マスコミのインタビューに対してどんなことを話していたのでしょうか。

まだカリスマ・リーダーになれないでいた朴正熙《パクチョンヒ》大統領と与党は、左派陣営の若きリーダーに浮上したばかりの金大中《キムデジュン》氏は、基本条約の内容にどんなスタンスを示し、国会で何を話し合ったのでしょうか。それは、それからの、そして今の韓国政府の説明と、どこがどう違うのでしょうか。

「いわゆる元徴用工問題」で、三菱重工や日本製鉄など日本企業に賠償を命じた韓国の最高裁判決。日本は韓国側に「韓国政府が責任をもって解決策を提示し、この国際法違反状態を是正すべきだ」と主張していますが、韓国政府はよく「三権分立により、司法（裁判所）の判決およびその執行に行政（政府）が介入することはできない」と主張しています。

ですが、一九六五年、日本と韓国が外交関係を樹立した当時の記事を読んでみると、実は三権分立を破ったのは、韓国の最高裁判決であることが分かります。なぜなら、当時の行政（政府）も立法（国会）も、そして二〇〇九年までの司法（裁判所）も、他国との外交に置いて重要とされる「一つの声の原則」を維持していたからです。今の韓国の最高裁判決とは完全に違う、五十五年前の記事には、それらの情況が詳細に残っています。

いわば、本書は、これまで私の書いてきた本より、実証主義的なアプローチを中心としております。

今の日韓関係のもっとも大きな問題は、やはり元徴用工問題でありましょう。本書も、大半を「いわゆる元徴用工問題」、そして請求権問題（基本条約）に関する内容を紹介しています。ほかにも、韓国社会をまさに狂乱のドン底に陥れている「親日清算」の動きなども、まとめました。この問題は、北朝鮮（南北関係）にも関わっています。

一九四八年、韓国の国会では「日本が朝鮮半島と呼ぶから朝鮮半島になった。別の名称を考えよう」という意見まで出ていました。半島は三面が海に包まれた地形を示すものですが、反日、親日清算という言葉に囚《とら》われすぎて、思考が止まってしまったのでしょう。今、韓国での親日清算も、無茶を言うのは変わっていません。

ほかにも、日本国総理の靖国神社参拝など、いわゆる「反日事案」において、昔の韓国の新聞はどんな論調で報道していたのか。関東大震災のとき、日本軍が朝鮮人をどのように保護していたのか。併合時代にソウル市民のオアシスだったある公園の管理において、総督府はどんなスタンスだったのか。

資料を集めて「ここがこうだから〜」と説明する硬い本ではなく、単に「併合時代にこんな記事があったのか」という興味本位でお読みになる方々にも対応できるよう、読みやすい文章、過激で不愉快な表現は出来る限り避けるよう、心がけました。

それでは、最後のページまでご一緒できることを願いながら、さっそく本文へとまいりましょう。

二〇二一年　二月　日本某所にて

シンシアリー

目次

第四章 「被害者中心主義」の思惑

第五章　「文化的制裁」という名の社会的監視体制

第一章　「元徴用工」は、なぜ笑っていたのか

●「強制徴用」という不自然な言葉は韓国の造語

二〇二〇年八月十六日、韓国のネットメディア「THE FACT（ザ・ファクト）」に、妙な記事が一つ載りました。韓国のある施設で、併合時代に日本で働いていた朝鮮人労働者たちの写真を展示しました。趣旨は、「日本で強制労働に苦しんでいた同胞たち」といういつもの反日扇動でしたが、それを見てきた観覧客たちが、ある疑問を提起しました。苦しんでいたはずの人たちの写真なのに、なぜ皆「微笑んでいる」のか、わけがわからない、というのです。この記事は、本書を執筆するきっかけにもなりました。

併合時代、多くは普通の労働者として、戦時には徴用工として、数多の朝鮮人労働者たちが日本各地で汗を流しました。しかし、彼らの存在は、戦後韓国において邪魔でしかありませんでした。後で似たような趣旨の考察をまた書くことになりますが、韓国は併合時代そのものを違法的なものだとしており、韓国（朝鮮半島）が日本に統治されたことはなく、すべては日本による「違法占領」だったと主張しています。併合時代の「政府」は、朝鮮総督府ではなく、国外で抗日活動を続けていた「臨時政府」であった、というのです。

言うまでもなく、これはデタラメです。併合も、そして戦後に朝鮮半島が独立した（自力で出来たものではありませんでしたが）のも、すべては合法的な事実であるのに、それを無理して否定したため、主張と現実に多くの矛盾点が生じたわけです。そのため、韓国は、併合時代に存在していた多くの事実を隠蔽する必要がありました。後述しますが、韓国が併合時代の文献の考証、いわば併合時代への実証主義的アプローチを極端に嫌がる理由でもあります。

その隠蔽工作の一つが、「徴用」です。

徴用というのは、政府による合法的な動員であり、国際法的にも、違法的な強制動員にはなりません。だから、韓国は、併合時代に日本で働いた朝鮮人労働者たちは、基本的には全員が「無理やり連れて行かれた」、または「就業詐欺にやられた」などと、いわゆる強制労働の被害者だったと主張しています。

ここでいう「強制労働」とは、単に「無理やり働かされた」という意味ではなく、「enforced labor」と言って、まさに奴隷労働、人間の人権を根本的に踏み潰す、ナチスのアウシュビッツ強制収容所のような労働条件を意味します。

日本は、併合時代にもすでに多くの国際条約に加入していたため、もし強制労働があったとすれば、国際法違反となります。韓国側の記事や政治家の発言などからよく出てくる、「強制徴用」という不自然な言葉も、この結果作られた造語です。記録上では「徴用」になっているが、「強制」の字を加えて、政府による合法的意味での徴用だったというニュアンスを、なんとか弱めようとしているわけです。

その「被害者」の範囲はとても広く、最近韓国では、併合時代に数百万人が日本に強制労働させられたとする主張が一般化しています。それは、徴用はおろか、併合時代に仕事を求めていた労働者ほぼ全員にあたいする数字となります。韓国の最高裁判所が一部の「日本企業は強制徴用被害者に賠償金を支払うべき」とする判決を確定してから、この数字は日々増えていくばかりです。

●「国立日帝強制動員歴史館」の展示物に物議

新型コロナが問題になる前には、大勢の日本人観光客も訪れた、韓国の「釜山《プサン》」。その釜山にも、その強制徴用被害者たちに関する施設があります。「国立日帝強制動員歴史館」といいます。釜山は、昔から日本との交流が多く、日本領事館もあるため、「反日」関連の市民団体・政治家たちが特に気合を入れている地域でもあります。

普通、日本人がよく訪れるところには、日本人観光客を不愉快にさせるような施設は設置しないのが一般的ですが、韓国の場合は、「反日思想」を「日本人に対する教育」だと思っているため、空港、または日本人観光客が多い場所に、反日関連のインフラやイベントが集中する不思議な現象を見せています。よって、釜山にも、いわゆる慰安婦問題、いわゆる強制徴用（元徴用工問題）など、反日思想と関わる数々の事案に関する施設が存在し、今も増えつつあります。

そのなかの一つが、いわゆる強制徴用被害者たちを追悼するための施設、国立日帝強制動員歴史館です。

二〇二〇年夏頃、その歴史館は、「記憶の跡地」といって、強制徴用被害者たちを慰霊するためのスペースを作りました。基本的には被害者とされる人たちの位牌《いはい》を並べてありますが、位牌といっても急造したもの（ほとんどは、どれも同じデザイン、同じサイズ、同じ色）でしかなく、展示のメインは写真でした。韓国では、祭祀《さいし》のときに、位牌の代わりに写真や肖像画など（影幀：ヨンジョンと言います）を飾る風習があるため、併合時代に日本で働いた朝鮮人労働者たちの遺族から、当時の写真を集め、それを位牌と一緒に展示したわけです。それが記憶の跡地です。

結構広いスペースにモノクロ写真がたくさん飾ってあるのはなかなか壮観で、いつもは「難しい」「漢字が読めない」などと資料にあまり関心を示さない人たちも、ある種の写真展として、このスペースを訪れました。

ですが、歴史館側が予想できなかった事態が発生しました。そこに展示されている当時の「地獄のような日帝の強制労働で人権を蹂躙《じゅうりん》された被害者」である朝鮮人労働者たちの写真は、どうみても「苦しんでいる」人たちの姿とは思えないものばかりだったのです。そもそも、それらの写真は、「日本から朝鮮の家族たちに送られてきたもの」がほとんどで、当時の朝鮮人労働者またはその雇用側が、「当時には贅沢《ぜいたく》品だった写真を撮って、朝鮮の家族に送るほどの余裕を持っていた」という現実を表すものでした。

●「強制徴用被害者」の写真は、なぜか「笑顔」ばかり

この件を取材し、記事にしたのは、大手マスコミではなく、ネットメディア「ＴＨＥ ＦＡＣＴ」だけでした。以下、掲載された記事「なぜ日帝強制徴用被害者たちは笑ってい

るのか」から引用してみます（今後、本書では引用に〈 〉を用います。また、簡易的な説明など、私が書き加えた部分は、「※」で表記します）。

〈「日本に強制徴用された被害者の姿にしては、きれいすぎませんか？ 何か、言えない内部の事情があったのでしょうね」。（※二〇二〇年八月）十五日、午後一時ごろ、釜山南《ナム》区《グ》にある国立日帝強制動員歴史館、その五階にある「記憶の跡地」。入口周辺の壁いっぱいに飾られた、日帝強制徴用被害者たちの写真を見た訪問者たちは、ほとんどがこのような疑問を示していた。それらの写真のどれを見ても、そこからは強制徴用当時の残酷な姿など、見当たらない。すっきりした装い、タバコを口にくわえている強制徴用被害者たちの写真からは、逆に、余裕が感じられるほどであった。

「記憶の跡地」フロアに入ってからも、さほど変わりはない。被害者の名前が書かれた位牌がぎっしりと並び、強制徴用された当時の被害者の写真が壁を満たしている。しかし、フロア内部の写真からも、強制徴用被害者たちの悲惨な姿を見つけることは出来なかった。

記憶の跡地は、日本の国家総動員法で強制動員された犠牲者を慰霊するために、六月に造成された。

日帝強制動員歴史館の関係者は、「日本は、強制徴用被害者たちが、徴用された地にうまく適応しているように見せるため、人為的に写真を撮影したのです」「家族に送る写真だから、家族が心配しないように、被害者たちも、無理して、苦しい姿を隠すために演技をしたのです」と説明した……〉

韓国の大手ポータルサイト「ネイバー」を経由してこの記事を読みましたが、ソース記事（「THE FACT」の記事）のコメント欄でも、「演技をしているようには思えないんだけど、どうしたのだろう」という疑問が結構目立ちました。もちろん、「もともと私たち民族は、どんな苦しいなかでも幸せを見出《みいだ》す民族だ。だから笑っていられたのだ」という脱力感あふれるコメントもありました。

もし、併合時代の日本に、天才的な演技力にめぐまれた朝鮮人労働者たちが大勢いたとしても、家族に写真を送ることが出来た時点で、韓国の言う「日帝の強制徴用は奴隷労働」は成立しなくなります。余談ですが、さすがに写真までここに載せるわけにはいかないので、手数をおかけしますが〈「強制徴用被害者」の写真、なぜか「笑顔」ばかり〉と〈シンシアリーのブログ〉でネット検索をかけてみてください。sincereleeblog.com を含むＵＲＬが出てくるはずです。一枚だけですが、いい笑顔の写真が載っています。

●『東亜日報』の特派員が取材した軍艦島の朝鮮人労働者たち

この記事を日本語に訳してブログで紹介したら、大勢の方々が強い興味を示してくれました。このまま終わりにするのも何かもったいない気がして、それから、古い新聞記事を調べてみました。韓国には、同じくネイバー社が提供する、古い新聞記事のライブラリーがあり、併合時代の新聞でも、『東亜日報』と『朝鮮日報』の記事が検索できます。写真はなくても、記事ならあるかもしれません。早い話、似たような動機で見つけたいくつかの「古い記事」の紹介と自分なりの考えが、本書となりました。

しかし、「あ、そうですね、併合時代のダンド（端島《はしま》。通称・軍艦島）の朝鮮人労働者たちはですね……」という記事が都合よくポンポンと見つかったわけではありません。ライブラリーでいくつかのキーワードで検索をかけてみて気がつきましたが、私が考えていたものとは違う記事ばかりでした。ほとんどの記事が朝鮮半島内の出来事ばかりで、そもそも日本で取材して記事を書くための人的・物的インフラと努力が不足していたのではないかと思われます。

　そんななか、少なくとも私が見つけた記事のなかで、先の「THE FACT」の記事と関連性が高いのは、一九二二年六月八日『東亜日報』の「長崎付近の朝鮮村」というタイトルの記事でありましょう。

「朝鮮人村」というのは、朝鮮人労働者たちが群れをなして生活していた場所のことです。珍しく、長崎の『東亜日報』の特派員が、自分で動き、現地の朝鮮人労働者たちを取材して、書いた記事です。なにより、韓国で「日帝の地獄の強制労働」の代表格としている「軍艦島《ぐんかん》」こと「端島」の朝鮮人労働者たちを取材していることが、個人的にヒットでした。

　記事では朝鮮人「村」としていますが、本当の村ではありません。ほとんどは会社側が用意してくれる宿所を利用し、一部は、家族も一緒に、宿所ではなく別の家で暮らしていました。そんな労働者が、多い所は数百人もいるため、それが朝鮮人村と呼ばれていたわけです。

　記事を引用する前に、当時の朝鮮半島での「ウォン」の価値について触れておきます。内地（日本）と同じく一ウォンが一円だった、とも聞きますが、物価がどうだったかについては、資料によって結構差があります。

二〇一五年七月二十三日の「ノーカットニュース」によると、「一九四五年、お米一ソム（섬：百四十四キロ）が約百ウォンで買えた」となっています。韓国では一九八〇年代にも、お米一ソムの価格は暮らしにおいて重要な尺度でした。

●長崎の村々で働く朝鮮人労働者の暮らし

〈朝鮮人労働者が五百人も働いているという、三菱炭鉱会社の状況を見るため、本記者は長崎市外の高島村に向かった。朝鮮の里数で、五十里（※朝鮮では一里が約四百メートルになります）ぐらい船で行くと、樹木が豊かな島に、炭鉱の煙突から煙が上がるのが見えてくる。ここでは朝鮮人が約百七十人も暮らしている。その全員が、会社が用意した家で暮らしているため、家の心配をする必要もなく、うまくやれば一日で二ウォンの給料がもらえるし、食事も会社が実費四十銭だけで用意してくれるし、服もまた、労働者ということもあってたいしてお金をかけることもないので、本人さえちゃんと働けば、お金を貯めることができる。ここに来てから二〜三年間で、五百〜六百ウォンのお金を貯めて、故郷に帰った人もいるという。労働者のなかで、妻子を連れてきた人は、その息子たちが今や尋常小学校（※当時の初等教育機関）に入学したといい、成績も大変良く、語学に才能があり、まだ幼いにもかかわらず日本語を流暢《りゅうちょう》に話すだけでなく、お母さんに通訳までしてくれると言う。

高島村からもう少し行くと、二子島村というところがあり、ここでは朝鮮人の坑夫が二百人近くも住んでおり、その生活の状態は、先の高島村と大して差がない。そこから朝鮮里数で十里ぐらい、さらに進めば、一万坪ぐらいの小さな島があるが、その島を「端島（※韓国でいう軍艦島）」と言う。ここにも朝鮮人が百八十人ぐらい暮らしており、昼には深さが百ギル（※百길、約二百四十〜三百メートル）にもなる石炭の穴のなかに入って仕事をし、夜には会社の家で寝る。なかには、別に家族と一緒に暮らしている労働者もいて、ここにはほかのところでは見ることが出来なかった、朝鮮のチマチョゴリ（※伝統服）を着た朝鮮人の奥さんたちが、あちこちでご飯を炊く風景が見られる。

百尺（※約三百メートル）の深い土穴に入って、命をかけて石炭を取り、夜にはただ波の音だけが寂しく聞こえてくるなか、他郷暮らしの彼らの感想は、いかがなものだろうか。そのなかの、ある人の話を聞いてみたところ、「他郷暮らしは退屈なものだというのに、私たちには年月の流れがあまりにも速すぎます。朝鮮もたぶん、ずいぶんと変わっていることでしょう。学校がたくさん作られたそうですね？　学生たちが増えたそうですね？　たびたび、故郷の親友からの手紙を読むと、本当に嬉《うれ》しい知らせが多いです。ここでは、私が頑張って働けば、食べる心配はないし、朝鮮にいたときには警察の虐待に耐えられなかったけど、ここはそんなこともありません。子供はみんな尋常小学校に入学させました。日本語はうまいのに朝鮮語が出来なくて、家にいるときには朝鮮語を使うようにしています。石炭の穴での仕事をする人は給料で二ウォンをもらい、外で働く人は一ウォン、二十銭か三十銭しかもらえません。ここに来た人は、慶尚北道《キョンサンブクト》の人がもっとも多く、その次が全羅南《チョンラナム》・北道《ブクト》、次が忠清道《チュンチョンド》で、京畿道《キョンギド》から来た人はとても少ないです。ここでは、数百ウォンぐらいお金を貯めると、故郷に帰る人が多くいます」という。いくら生活が苦しくてここに来たとはいえ、昼は土窟のなかで働き、夜は海の波の音だけ切なく聞こえてくるなか、ふっと過ぎた過去を思い出す彼らの顔は、何とも言えない寂しさを帯びていた〉

●密航者が激増するほど競争率が高かった軍艦島

韓国では「邪悪な日帝による地獄の強制労働」の象徴とされている、端島、またの名を軍艦島。しかし、当時の端島は朝鮮人労働者たちの間でかなり「競争率」が高いところだったようで、こんな記事もありました。この部分は一九二四年十月三十一日、『朝鮮日報』「日本渡航労働者三十名を一時検挙」です。

〈日本渡航労働者三十人を一時検挙、原因は秘密裏《り》に渡航しようとしたため。什長（※この場合、同じ労働者でもほかの労働者を監督する立場の人を意味します）キム・ジェヨンは罰金刑となった。

慶尚北道《キョンサンプクト》金海郡《キムヘグン》駕洛面《ガラクミョン》済島里《ジェドリ》に本籍を置き、現在日本の長崎市の「端島」の炭鉱で暮らしている金在栄《キムジェヨン》（三十六歳）は、七年前から長崎の炭鉱で「什長」だったところ、約一週間前にジェド里に来て、人夫を約三十人集めては、一昨日に釜山の第二桟橋を出発するテヨンジンファン（天真丸）に乗って秘密裏に渡航しようとしたが、水上警察署に発覚、即時に三十人は検挙された。取調の結果、金在栄は労働者募集規則違反により罰金三十ウォンに処され、検挙された人たちは無事放免されたという〉

なぜ什長にもなった人が、三十人も人を集めて違法渡航させようとしたのか。まずは昔も今も変わらず、違法ブローカーというのが、金になるからです。

当時、日本まで違法渡航するには、一人十五ウォン程度のお金を払う必要があったといいます。そして、違法で三十人を端島へ連れて行くと、その三十人は什長に逆らえなくなります。什長としては、好き勝手出来る子分が増え、端島の労働者たちの間で「影響力」を手に入れることができます。

もちろん、彼ら三十人の分の給料がきちんと支払われたとは思えません。でも、この場合は労働者たちを端島まで連れて行くつもりだったようですから、まだマシなほうです。当時記事になっただけでも様々なパターンの日本渡航詐欺が横行していて、適当な島に労働者を下ろして「ここが日本だ」と嘘をついてはそのまま逃げるブローカーも結構いたそうです。最悪、違法渡航に騙されて、人身売買された人たちの記事も残っています。一部が脱出して警察に通報、日本の警察が一網打尽したとか。

●「もっと多くの朝鮮人労働者を受け入れろ」と日本側に要求

それからも日本に行ってお金を稼ぎたいと願う朝鮮人労働者たちの需要は、かなりのものでした。朝鮮人労働者に関して併合時代の記事を検索してみると、もっとも多くヒットするのが、「もっと多くの朝鮮人労働者を受け入れろ」と日本側に要求する内容の記事です。この動きは、日本への渡航に身分証明を必要とする「渡航許可制」が実施されてから、特に強くなります。

当時の記事では、一九二八年十月頃から渡航許可制の話が出てきます。関東大震災で数万人の朝鮮人労働者が朝鮮半島に帰ってきたこと、日本への違法渡航の増加、日本内の就業対策など、様々な理由で、日本で働ける朝鮮人労働者の数は制限する必要があったためです。特に、日本でちゃんと働ける当てもなく日本に渡航する（とりあえず日本に渡ってから考える）人たちも多く、そういう人たちは基本的に貧しい人たちが多く、「不穏な思想（社会主義など）」を持っている場合も多かったので、朝鮮人労働者の日本への渡航制限は、単に経済対策だけではありませんでした。

特に一九三四年からは渡航の許可及び審査がさらに厳格になりました。この部分も、当時の記事を引用してみます。

まず、『東亜日報』の一九三四年四月十五日の記事、「極力防止もこれといった効果なし、最近も渡航者は激増」です。これは、渡航のための審査基準がさらに厳しくなる約六カ月前の記事です。

〈日本へ海を渡る朝鮮人の多くは、貧しい人たちで、彼らは不穏な思想を持って思想的に重大な影響を及ぼすことが多いため、総督府は渡航を阻止する方針であったが、密航およびそのほかの違法的な手段による渡航が相次ぎ、単純な事務的防止策では効力がなくなってしまった。最近の朝鮮人の渡航者数はどんどん増加しており、特に最近の不景気からして、生活の貧困が思想の悪化を促し、総督府は当面の重要課題とこれを認識、その対応が注目されてきた。渡辺学務局長は実地を視察すると同時に対策として内務省の担当部署など関係方面に様々な折り合いを試み、今後の根本的な対策を決定、帰任したという……〉

一応、審査厳格化の効果があったのか、一九三五年一月二十五日の『東亜日報』の記事「渡航防止策の積極実行で帰還労働者激増。渡航手続き、日々厳しくなる……（※以下略）」によると、日本に行く朝鮮人労働者の数は、日本から朝鮮半島に帰ってくる数より一九三四年基準で約八万人も多かったといいます。これが、一九三四年十月から渡航許可の審査が厳しくなったせいで、日本に渡っていく人より、朝鮮に帰ってくる人のほうが多くなった、といいます。

しかし、その点を狙い、日本へ人を運ぶ違法ブローカーたちがさらに急増してしまったようです。一九三八年四月十六日の『東亜日報』「渡航者取締で密航者さらに激増」によると、三カ月で千人を超える密航者が検挙された、とのことです。似たような趣旨の記事は、どれも、「密航者が増えたのは日本が朝鮮人労働者を受け入れないからだ」と、日本のせいにしています。

私見ですが、違法渡航のブローカー以外は、処罰されたという記事が見当たりません。しかも、「貧しい人たち」全員が朝鮮に帰ってきたとのことで、当局が船便でも用意してくれたのでしょう。先の什長の件も、什長以外は全員放免でした。違法渡航が絶えなかったのは、罰則が弱かったという理由もあったのかもしれません。

それから、相次ぐ朝鮮側の要求が日本に届いたのか、それとも日本内の景気がまたよくなったのか、それとも、当局としても「朝鮮人労働者の数より違法ブローカーによる問題がもっと深刻だ」と判断せざるを得なかったのか、この渡航制限は一九三八年から大幅に緩和され、一九三九年には「三月までで、すでに去年一年分の朝鮮人労働者が日本に渡った」となっています（一九三九年五月二十一日／『朝鮮日報』「中央理解一新」）。

●百年前、『朝鮮日報』『東亜日報』は書きたいことを書けなかったのか

ここまで読んでくださった読者の皆さん、このへんで、一つの疑問点を解消する必要があるかと思います。もしかしたら、「併合時代の朝鮮の新聞は、日本に要求できる立場だったのか？」と疑問に思われる方はいないでしょうか。

韓国では、当時の韓国の新聞は完全に日本の言いなりで、日本に有利なことばかり書いていた。全部「親日派」で、「反民族行為者だ」ということになっています。別の章でまた取り上げますが、『朝鮮日報』と『東亜日報』は、韓国の一部の市民団体から「日帝強占期（併合時代を意味する、北朝鮮発の言葉）」に日本に迎合する記事ばかりを書いたからと、ただちに廃刊すべきだと言われています。

特に二〇二〇年は両紙の創刊百周年ということもあって、両紙の親日記事をピックアップしたＰＤＦファイルをネットで配布する市民団体もあります。もちろん両紙は、「私たちは日本と戦った。抵抗し、一九四〇年には強制的に廃刊させられた」と主張しています。

ひょっとすると日本にも、「当時の朝鮮の新聞は、日本からの圧迫のせいで、書きたい

ことが書けなかったのではないか」と思う方がおられるかもしれません。それはもちろん、今ほど言論の自由が保証されていたわけではありません。そんなことまで「今と全く同じ」と無理な主張をするつもりはありません。今の価値観からすると、併合時代の言論の自由は問題があったかもしれません。

しかし、当時の記事を読んでみると、『朝鮮日報』も『東亜日報』も、十分なほどの自己主張が出来ています。先にも書きましたが「実は日本は景気がいい。朝鮮人労働者をもっと受け入れるべきだ！」と主張し、「日本内が不景気であるため、既存の就職者を保護するためだ」とする総督府の発表を堂々と否定する記事も無数に確認できます。

特に『東亜日報』はかなりの「問題児」で、創刊してから一年も経たずに何度も記事を削除されたり、停刊を食らったりしました。しかし、それでもさほど論調は変わりませんでした。

もっと本書の起承転結が進む前に、そうした記事を一つ紹介します。これは、本書で紹介する各記事が、程度の差はあれど、「書きたいことが書けなかった」ものではないという素朴な論拠になってくれるはずです。

記事の内容は、「日本人が朝鮮をばかにしているから日本観光に行くな」という、いわゆる日本旅行ボイコット記事です。ちょうど韓国では二〇一九年から「NO JAPAN」というスローガンのもと、日本製品を買わなかったり、日本旅行に行かないというキャンペーンが展開されていますので、ボイコット繋がりでこの記事を選んでみました。

●一九二二年に東京で行われた「平和記念東京博覧会」

一九二二年三月十日から、東京では「平和記念東京博覧会」という大規模なイベントが開かれました。日本のネットで検索してみると、今でも当時のグッズやポスターなどを普通に見つけることができます。

第一次世界大戦の後、日本がかなり気合を入れて展開したイベントであり、東京各地にいろいろなブースを作り、それぞれのブースのテーマに合った日本の産業発展や文化を紹介していました。イベント期間の約四カ月の間、一千万人以上が観覧したというこの大規模イベント。朝鮮半島でも、約五千人以上の人たちが、主に団体観光の形で東京を訪れました。

あくまで当時のいくつかの記事を介して受けた私的な感覚ですが、当時は、スーツ姿で、西洋式に整備されたインフラの街をブラブラするのが、紳士淑女の皆さんの「ロマンのなかのロマン」でした。もちろん、朝鮮は日本より近代化が遅れていたので、いわゆる大正ロマンのような洗練されたものではなく、「とりあえず洋式の服を着て靴を履いてみた」だけの、ぎこちない外観の人も少なくありませんでした。これは良い悪いで語るより、時代が変わっていくからこそ見られる風景であったことでしょう。

そんな人たちからすると、特に生活にある程度の余裕を持つ人たちからすると、日々磨き上げた「モダン」な自分自身の姿（完成度はおいておくとして）で、憧《あこが》れの東京を歩くという、まさに夢のようなチャンスでした。

しかし、日本観光の目玉の一つで、平和記念東京博覧会ブースのなかでも特に大きかった、朝鮮半島の産業や文化などを紹介する「朝鮮館（朝鮮ブース）」のことで、問題が発生します。今でも、海外で韓国または朝鮮半島関連の何かの展示会をやると、多くの場合、現地の韓国人を中心に「韓国はもっと凄《すご》いぞ」という苦情が発生します。そしてそれがそのまま「〇〇国で韓国が見下された！」という趣旨の新聞記事になり、韓国内ではネットを中心に炎上、その具合によっては、韓国政府が公式に抗議することも珍しくありません。百年前の平和記念東京博覧会でも、同じことが起きました。

●「朝鮮から日本に観光に行ってはならない！」と呪詛《じゅそ》した『東亜日報』

「朝鮮館」は上野公園に作られていて、場所的にもかなり良いところにありました。それに、当時日本が用意したブース（館）のなかでも、二番目に大きなブースでした。朝鮮王が使っていた殿閣（ジョンガク）、すなわち王の私邸をイメージして作ったというこのブースは、当時の朝鮮人の模型（人形）を展示、代表的な生産品として、お米や簡単な手工業製品を紹介し、朝鮮の民間でよく使う伝統的な絵など文化関連のものも展示していました。場所も規模も格別なもので、大勢の人たちが訪れ、朝鮮半島からの観光客たちにも注目の的でした。

ですが、一九二二年五月四日、『東亜日報』は「詛呪せよ！　平和博覧会」という怖いタイトルの記事で、「朝鮮から日本に観光に行ってはならない！」とボイコットを主張しました。概要となる部分だけ、引用してみます。

〈……一つの町で日本に団体観光旅行に行く経費を合算してみると、その町でれっきとした公益事業の一つぐらいはできたであろう。朝鮮全体で、平和博覧会を見に東京に来て、消費してしまうお金を合わせてみると、学校を百個は建てられるものだろう。いったい何が悲しくて、私たち朝鮮人がそこまで大金を使ってまで、天下に朝鮮の恥をかかせる有様を見に行かなければならないのか。総督府当局者の本音が何なのか、考えたところで分からないし役にも立たない。ただし、朝鮮人を侮辱する博覧会を見るために、自らの恥を広告するために、朝鮮人が東京に来ないことを、東京の朝鮮人は、熱心に願っている。同時に、朝鮮のなかの同胞たちにもっと訴えてほしい……〉

当時の記事は、今に比べると比較的短いのが特徴です。言い換えれば、読みやすいですが、情報量は少ないほうです。しかし、この記事は、書いた人がかなり熱くなったようで、不必要なほど長いです。

なぜそんなに朝鮮館を「呪って」いるのかというと、「日本が朝鮮の若い女性たちを朝鮮館のガイド役として、そして朝鮮のキーセンたち（ここでいうキーセンは売春婦のことではなく、芸をこなす女性たちのことです）を舞踊公演のために東京に招待して見世物にした」「殿閣のデザインが本物と違うし、しょぼすぎる」「なぜ朝鮮の生産品をお米や手工業製品中心で紹介しているのか」「展示されている絵が安っぽいものばかり」「朝鮮人人形の見た目のイメージがよくない」「内心はわからないが、朝鮮館のせいで明らかに朝鮮が見下されている」などなど、朝鮮館の展示に対する不満が次々と書かれています。案の定、きちんと取材したのかちょっと疑問で、ほとんどは日本現地の朝鮮人留学生たちの報告によるものだそうです。

記事は一貫して朝鮮人観光客のほとんどが「動員された（強制だ）」としながら、「経験のないガイド付きで、スーツの着方もちゃんと分かってない人たちが東京に行ったところで、東京に朝鮮人に関する良い評判が広がるはずがない」とも主張しています。

雨のなか、下手くそなガイドとともに慣れない「モダン」な服やヘアスタイルで東京の街を歩き回って、東京の人たちからは「朝鮮人団体（団体観光客）」という言葉が、「不愉快な存在」という意味で通用されるようになってしまった、とも。

●当時、新聞と総督府は従属の関係ではなかった

私見ですが、当時は朝鮮も日本の一部。上野公園に、二番目に大きいブースを設置して

おいて、当局がそれをわざと、朝鮮人に恥をかかせるために粗末なものにしたとは思えません。それに、キーセンたちも、博覧会での公演の後には有楽座で五日間公演したことが確認できます（一九二二年三月十二日／『毎日新報』）。彼女たちが悪意のある、または粗末な扱いだったとは思えません。むしろ、芸を学ぶ人としては、まれな大舞台だったのではないでしょうか。

そして、なにより、三月二十七日の『毎日新報』に、「摂政宮（後の昭和天皇のことです）が朝鮮館を訪問し、朝鮮人の女たちが奉迎した」という写真と記事が残っています。これが、悪意あるブースを作った人たちのやることでしょうか。

大体、『東亜日報』の記事自体、「観光に行くな！」とボイコットを呼びかけながらも、「観光客は強制に動員されたものだ」という矛盾した書き方をしています。強制に動員された人ばかりなら、そもそも観光に行くなという記事を載せる理由もないでしょうに。

ちなみに、『東亜日報』が同紙の過去の記事を紹介する「『東亜日報』フラッシュバック」というシリーズ記事がありますが、二〇二〇年九月十五日、この「詛呪せよ！　平和博覧会」記事を紹介しながら、「この記事は朝鮮総督府にすぐに押収された。現存しているのは、押収前に配布したものが、かろうじて生き残っているものだろう（일 것이다）」

としています。

でも、私がいつも使っているデジタルライブラリーを見てみたら、普通にありました。削除されたり没収されたりした記事は、ライブラリーにも残っていません。保管状態なども、ほかのものと差はありませんでした。記事そのものはスキャニングなので、すぐ分かります。

繰り返しになりますが、言論の自由など、「今」を基準にして考えると、明らかに遅れを取っていたでしょう。実際、多くの記事の削除・停刊騒ぎがありました。しかし、ほかでもないそれらの新聞の紙面に載っている記事の内容から、併合時代当時の朝鮮の新聞は、決して「言われるがままに記事を書く」受動的なものではなかったことが、分かります。

個人的には「全般的に誤解だったのでは」とは思うものの、「朝鮮館」のような、日本での朝鮮の体面（プライド）に関する件、朝鮮人労働者受け入れなど経済・景気の件、工場法適用の件など福祉に関する件などで、当局に何かを厳しく要求する、または政策に反対する記事は、無数に残っています。

後述しますが、もちろん総督府とちゃんと足並みを揃えて、朝鮮半島の人たちが喜ぶイベントを行うこともありました。そう、時代背景による基準の差はあれど、普通に「その時代なりの、新聞と当局の関係」だった。それより上でも下でもなかった。少なくとも従属の関係ではなかった。それが、当時の記事を読んでみた私の結論です。

●「日本による『強制笑顔』だった」はバカバカしい主張

ここで、「強制観光（笑）」の話を、本題、いわゆる強制徴用関連に戻したいと思います。「はじめに」でも述べましたが、地域、時期、そして何より「人」によって、それぞれ事情は違うものでしょう。しかし、どう見ても、これらの記事が「地獄の強制労働」の世界を生きていた人たちの記録だとは、私はとても思えません。

先の、朝鮮人労働者たちの写真を見て、観覧客たちが「なぜ皆、微笑んでいるのでしょうか」と問いかけた疑問の答えも、これら古い記事のなかにあるのではないでしょうか。いや、答えという大げさなものではなくても、答えの「かけら」は確実に存在するでしょう。しかし、それでも韓国の世論は動きませんでした。

『東亜日報』の「長崎の朝鮮人村」取材記事をブログに紹介したところ、コメント欄でも、「個人レベルでこんな資料を見つけることが出来るなら、韓国でも『強制労働』などを否定する意見も結構ありそうなものだが、なぜそうならなかったのだろう」という意見が目立ちました。ごもっとも、な意見です。百年前の取材記事を一つ読んだだけで、持論をまるごと変える人は、そういないでしょう。

でも、ネットの普及が他国より早かった韓国。普通なら、大勢の人たちが、何かのきっかけ、何かの形で「古い記録」に出合うことも出来たはずです。そして、「私たちが『地獄の強制労働』だと信じている併合時代の労働は、実は別の存在であった可能性も、考えるべきではないだろうか」と気づく人たちもいたはずです。そのほうがずっと自然でしょう。

しかし、現実はそうではありません。韓国社会は、この二十〜三十年で反日思想がさらに強化されました。今ではもはや反日一択で、「反日でないものは親日」という両極端な考え方に支配されています。本書で紹介している記事なども、いやどんな資料でも、韓国の反日史観に不利なもの、合わないものは、「こんなことありえない。日本が捏造したものだろう」とするだけで、ほぼ片がついてしまいます。

「ＴＨＥ　ＦＡＣＴ」の記事で国立日帝強制動員歴史館の人が話した、「日本による『強制笑顔』だった」というクダラナイ主張も、日本の皆さんからするとバカバカしいものでしかないでしょうけど、韓国では十分な説得力を発揮します。実際、「ＴＨＥ　ＦＡＣＴ」の記事も、後半部は「安倍総理のせいで歴史が歪曲されつつある」といういつもの反日史観に沿った内容で終わります。

なぜ笑顔だったのか？　という疑問の解明は一切書かれておらず、歴史館の人の主張だけが書かれています。そして、該当記事の内容がもっと深く、広く議論されることもありませんでした。

●韓国の反日思想「反日教」という宗教モドキ

私は、この「反日一択」現象は、どことなく宗教に似ていると思い、初めての拙著となった『韓国人による恥韓論』（扶桑社新書）にて、韓国の反日思想を「反日教」と表現したことがあります。それからまもなく、日本の某メディアでも同じ言葉が使われるのを見て、すごく嬉しかったことを覚えています。

そう、この「たかが資料では微動だにしない」現象は、ある意味、宗教です。それからも、私と同じく、韓国の反日を「何かの宗教または信仰のようだ」と指摘する方も増えてきました。

最近の事例では、私とは意見が合う部分と合わない部分のギャップが激しすぎる、広島大学のチェ・ギルソン教授という方がいます。チェ教授は二〇二〇年十月に韓国で出版された『親日と反日の文化人類学』という本で、「反日はもはや類似宗教だ」と指摘しています。ほぼ同じ頃、武藤正敏元在韓国特命全権大使もまた、ＪＢｐｒｅｓｓへの寄稿文（二〇二〇年十月二十九日）にて、現在の韓国は日本に対して感情的、非理性的な態度が過ぎるとしながら、これを「日本を性悪説に基づいて見ている」と指摘しています。実にうまい表現です。

なぜ反日思想が宗教モドキに、なったのか。いや、なってしまったのか。理由はいろいろありましょうけど、やはり教育ではないでしょうか。義務教育のある国で、一つの世代を超えて行われた一貫した内容の教育なら、宗教モドキを作り出すぐらい、そう難しいことではありません。しかも、「幼年期の教育」と、「大人になってからの教育」が連帯しているなら、その破壊力は想像を超えます。前者は学校や家庭、または子供なりの世界、絵本やテレビなど、そんな世界で教育を「受ける」側のことです。後者は、大学などちゃんとした教育機関のことで、言い換えれば、次の世代にどんな教育を「授ける」かを決める人たちのことです。

戦後一貫して続いた反日教育により、その二つが繋がってしまったわけです。以下、それぞれ一つずつ、事例を紹介しましょう。

●韓国の絵本『恥ずかしい世界文化遺産・軍艦島』の地獄図

まず、強制労働繋がりで、韓国の小学生用絵本『恥ずかしい世界文化遺産・軍艦島』を紹介します。家族と一緒に日本に旅行に行った韓国人の少年が、タイムスリップして、過去の端島《はしま》（軍艦島）で強制労働に苦しんでいる「ソェドリ（쇠돌이）」という名の少年と出会い、日帝と軍艦島の恐ろしさを知るという内容です。この絵本は、韓国では大変高く評価され、各自治体で積極的に勧められました。

以下、韓国の大手書店「インターパーク」のホームページから、韓国の歴史学者イ・イファ氏が小学生たちに書いた推薦文を引用してみます。

〈私たち民族は、苦難の歴史を経験してきました。日本の植民地支配を受けたとき、日本は韓国の金など資源を奪って行き、大人と青少年、女性も強制的に連れて行って、こき使いました。軍艦島に連行された少年たちは、地下炭鉱でつらい労働をしながら飢え死んでいきました。その余波で、今でも私たち民族と国は南と北に分かれ、喧嘩をしているのです（※韓国では、日本のせいで南北が分断されたという主張が定説になりつつあります）。私たちは、このような歴史を正しく知って、統一を成し遂げなければなりません。この歴史じいちゃん（※イ・イファ氏自分のこと）も、統一と平和のために、今、市民歴史博物館を建設して、このような事実を知らせようと頑張っています。皆さんも、この本を読んで、覚悟を改める機会を得ることを願っています〉

歴史じいちゃんって自分で言うか……はともかく、まずその絵本には、軍艦島に強制徴用され、ふんどし姿で地獄のような強制労働に苦しむ朝鮮人、特に少年たちの姿が描かれています。そのイメージの基本は、アウシュビッツ強制収容所で、狭い牢屋のなかに閉じ込められ、一日中労働し、拷問室で逆さまにぶら下げられてムチで打たれ、数々の理由で死んでいく朝鮮人少年たちが描かれています。最後は長崎の原爆の後処理に投入され、放射能で死んでいくことになります。

止めようとする人たちを「近寄るな！　朝鮮人ども」と脅しながら、衰弱した少年を暴行する日本軍人の姿、ジャガイモ袋のなかで腐っていく少年たちの死体、歴史歪曲がどうとかを話す前に、「こんなもの小学生に見せるな」と叫びたくなる、そんな内容です。

日本のネットメディア「世界日報（※韓国の世界日報とは別のメディアです）」の二〇二〇年十月十九日「挿絵集『軍艦島の詩』で元島民回顧」というタイトルの記事を、韓国の保守ネットメディア「メディア・ウォッチ」が、韓国語訳して紹介しています（同年十月二十四日）。その記事から、この韓国の絵本に関する部分を引用してみます。

〈……韓国で二〇一六年に出版された小学生のための絵本『恥ずかしい世界文化遺産・軍艦島』の内容には、誰も（※元軍艦島住民及び関係者の方々のことです）が驚いたという。この絵本には、実際には島に来たこともない朝鮮半島出身の「少年」の姿が描かれていた。この絵本では、少年たちが実は島のどこにもなかった「狭くて息苦しい部屋」に閉じ込められ、やはり存在していなかった「日本の監視兵」から鞭《むち》を打たれ、脱出を試みて殺され、少年の遺体がジャガイモ袋にぐるぐるされ、捨てられているなど、「事実無根の奇抜な内容」が目立った。この絵本は、長崎の原爆投下をめぐり「日本は朝鮮の少年が島から出る機会を一度だけ与えました。死の街と化した長崎に連れて行って、後始末をさせたのです。

最後に、「私たちの同胞の少年が、全身に放射線被害を受けて、徐々に死んでいきました」と書いている。

韓国の絵本の推薦文を書いた左派系市民団体の関係者は、「私たちは歴史を正しく知って、（朝鮮半島）統一を実現する必要があります。この本を読んで覚悟を新たにする機会を得ることを願っています」と訴えている。日本に分断の責任を転嫁して、核を放棄していない北朝鮮との統一をあおるようだ。

この絵本、実際に、韓国では小学校三年生から六年生を対象にしており、放課後の学童保育時間に、外部担当者が訪ねてきて、この絵本を紹介した例もある。韓国保守インターネット新聞の「メディアウォッチ」の黄意元《ファンイウォン》社長は、「これにより、子供たちに反日意識が植えつけられるのは必至です。正規授業でも副教材として使用される可能性がありますす」と指摘する。現在、岩崎松子さんと中村陽一さんは「明治日本の産業革命遺産」を推進する「産業遺産情報センター」（東京都新宿区）でガイドをしながら、島の真実を伝える活動をしている……〉

日本の、軍艦島（端島）元住民及び遺族の方々の話によると、島では日本人の子供も朝鮮人の子供も仲がよく、皆で一緒に遊んでいた、と言います。終戦で朝鮮人の子供たちが島を離れるときにも、皆が別れを惜しんだ、とも（上記記事より）。

●小学六年生用の歴史教科書に流用された写真

絵本関連では最後になりますが、個人的にこの絵本のことで「ツッコミ」たい部分があります。一つは、これは単にこの絵本だけでなく、韓国各地に建てられている「強制徴用労働者の像」などもそうですが、人物の基本デザインが、ある写真に基づいている点です。写真とは、一九二六年九月九日、北海道の『旭川新聞』に載っていた写真で、北海道の道路建設現場で虐待された日本人労働者たちの写真です。絵本『恥ずかしい世界文化遺産・軍艦島』に出てくる、強制労働されている少年たちの顔以外のデザインは、この写真の人物とそっくりです。しかし、その写真の労働者たちは日本人で、朝鮮人ではありません。もちろん一九二九年の労働者虐待事件は、加害者は逮捕され、労働者たちは保護されて幕を閉じました。

問題の写真は、韓国では小学六年生用の歴史教科書（七種）に、「日帝に強制労働された朝鮮人労働者たち」というタイトルで、二〇一四年から三年間、掲載されていました。のちにこの事実を知った韓国の保守右派系国会議員が、「徴用労働者の像のモチーフになった人物は日本人であり、国中の強制徴用労働者の像をただちに撤去すべきだ」と主張、像の作家から名誉毀損《きそん》で告訴される騒ぎもありました。

その捜査過程で、韓国の検察も「被告が主張の根拠としている資料と、（※韓国の）小学校六年生の教科書に掲載された写真のなかの人物、強制徴用労働者像の人物のそれぞれの外観的特徴を見ると、『強制徴用労働者像のモデルは日本人』という主張には信頼できる正当な理由がある」と判断しました（二〇二〇年十月十九日／『中央日報』）。その像の作家とは、慰安婦像の作家としても有名なキム・ウンソン、キム・ソギョンさん夫婦です。

次に、絵本『恥ずかしい世界文化遺産・軍艦島』の登場人物のなかでも特に出番が多いのが、ソェドリという名の少年です。タイムスリップした少年に、軍艦島がいかに地獄のような場所なのかを説明する役です。

「ソェドリ」は、韓国では一般的な名前ではありません。でも、ソェ（鉄）とドル（石）を意味する、とても強そうで、韓国人には大変親しみのある名前でもあります。一般的でない名前に、なぜ親しみがあるのか。

それは、日本のアニメ『マジンガーZ』が韓国で放送されたとき、そのパイロット「兜甲児」の、韓国語版の名前がソェドリだったからです。今でも四十代の韓国人なら、『マジンガーZ』の操縦者を「ソェドリ」と呼びます。これだけの反日思想を詰め込んだ絵本が、日本アニメ関連のキャラ名を使っているとは。もう少しひねくれた見方をすれば、その名前の親しみに「依存していた」とは。これは、悲劇なのでしょうか、それとも喜劇なのでしょうか。ブログにこのことを書きながら、ついプッと苦笑いしてしまったことを、覚えています。

●「文化史観」「民族史学」vs「文献考証史学」「社会経済史学」

それでは、「子供たちの教育」に関してはこれぐらいにして、次に、大学などにおいての、次世代への教育のための歴史研究方針に関する部分を見てみましょう。

一九七五年三月十三日『京郷新聞』の記事を、一つ紹介しましょう。ソウル文理大学金《キム》哲埈《チョルジュン》（国史学）教授のインタビュー記事、「新しい民族史観の定立が急がれる」より部分引用します。

〈……文化史観として植民史観を克服すべきだと主張してきたソウル文理大金哲埈教授は、現代文化の建設方向と民族史観の課題という文化持論を通じ、韓国の史学に根付いている文献考証学と社会経済史学などを批判し、伝統文化の潜在能力を現代文化の建設と連結させる民族史観を定立すべきだと主張した……。

……（※以下、金教授の主張）侵略勢力である日本が韓国文化の伝統を解体していた頃、それに抗争した民族史学は、文化闘争の中心を確立するために歴史への正しい認識樹立と教育を主張したが、片方では、日本侵略勢力と野合して主流のふりをしようとする、文献考証学派が台頭した。

植民地近代化（※日本に併合されたおかげで朝鮮も近代化・経済発展ができたとする主張で、韓国では社会的にタブーとされています）の排泄物にすぎない文献考証学者たちは、歴史学たるものを、文化全体を認識する道具ではなく、断片的な資料の考証を行うものだと勘違いし、それが科学的な方法だと主張した。

日帝植民文化の残りカスである文献考証学は、解放（※終戦）三十年が過ぎた今でも歴史学の批判精神を取り除き、外では外勢に利用されるばかり、内では植民地体質的な文化の現実に屈服する存在に転落してしまったのだ……。

……一言で、私たちの国の歴史学は、植民地社会ならではの思想と認識方法の限界により、密度の高かった私たちの伝統文化を整理することもできなかったし、未来に対する方向も提示できなかった……〉

いくつかの「〇〇史学」という言葉が出てきますが、読者の皆さん、金教授の主張のなかで、「文化史観（文化史学）」と「民族史学」が、「文献考証史学」と「社会経済史学」の反対概念になっていることに、お気づきでしょうか。

もともとは、政治ではなく文化から歴史を分析してみよう（文化史学）、文献を考証して歴史を解き明かそう（文献考証史学）、社会・経済の側面を見れば歴史が分かってくる（社会経済史学）、そんな意味のもので、別にどれかが正解で、どれかが間違っているわけではありません。例えば、文化を見れば時代が見えてくることもあるし、各種文献はその時代を研究するための宝物であるし、経済活動の主体がどう変遷して行ったかを辿ることで、歴史が紐解《ひもと》けるときもあるのです。

しかし、韓国では、文化史観と民族史学が、文献考証史学・社会経済史学の反対概念となり、前者は正しくて親・民族的なもので、後者は間違っていて反・民族的なものになってしまいました。

●朝鮮が併合時代に発展した証拠、資料を研究しても無意味

喩《たと》え話をいたしましょう。田舎のある地域が、工業地帯に選ばれ、いくつかの工場が作られ、地元の人たちも豊かになりました。国の工業発展にも名を残すことになりました。しかし、環境汚染などの問題も発生し、住民たちは仕事が終わるといつも街のハズレの酒場に集まって、「稼ぐのもいいけど、環境にもっと配慮しろよ」と自分の工場に文句を言いながら、酒を呑みました。地元の自然にお詫びする意味で、一年に一回、祭祀を捧げる風習も出来ました。

時代が流れ、その工場地帯を研究する学者が、当時その地域の産業発展、社会インフラ、平均所得などに関する資料を調べました。「文献考証」で、当時の住民たちの生活を調べていたのです。そして、「この地域が工場地帯になったおかげで、国の工業が発展しただけでなく、住民たちも大いに豊かになった」という結論を下しました。しかし、また別の

学者は、住民たちから「親はいつも酒場で文句を言っていた」という証言などを確保し、「工業発展の副作用があった」という側面を強調しました。

この二つは、どちらかが正しくて、どちらかは間違っているものでしょうか。違います。両方、事実です。二人の学者が、関心を持った分野で自分なりの研究を続け、そういう結論に至ったのです。どちらがもっと大事な要素なのか、そういう言い争いはあるでしょう。しかし、だからといってどちらかが「悪」ではありません。

「文化史学が正しいから、考証史学は間違っている」という金哲埈教授の主張にも、同じミスがあります。教授は、朝鮮が併合時代に発展した数々の証拠、資料を研究してもそれは何の役にも立たないとします。朝鮮人が一致団結して日本を拒否し、抵抗して出来上がった併合時代の「文化」こそが、併合時代の真実だと主張しています。

韓国が自分たちに有利な証言だけを収集・捏造し、「根拠や資料を出せ」と言われると、平然とした顔で「そんなものは必要ない」とするスタンスは、一九七〇年代からすでに大学教育という形で存在してきたのです。この部分は、別の章で「文化的証拠」というテーマでもう少し掘り下げたいと思います。

第二章　「基本条約」締結と、韓国の反応

●「基本条約」締結時、韓国側が出した「請求権要綱」

ここからは、一九六四年、日本との国交修復（基本条約締結、一九六五年）が公論化されたとき、韓国社会がどんな反応を示したのかを、時系列に沿ってお伝えできればと思います。

この部分でかならず指摘しないといけないことが、三つあります。

一つは、基本条約（以下、記事引用では韓日合意、韓日協定などと表記されることもあります）の内容は、「賠償」か「補償」かは、関係ないという点。

もう一つは、韓国が主張する「三権分立」の虚構性。

最後に、「被害者中心主義」です。

この三つは、韓国側が日本側に「基本条約以外の何かの追加措置」を要求しながら、しょっちゅう持ち出す「武器」だからです。

まず、補償・賠償は関係ないという点についてです。これは短いので、一気に書きます。

二〇一九年七月二十九日、日本外務省が「対日請求要綱」を公表しました。基本条約締結のとき、韓国側が出した請求権要綱となります。
同日の『産経新聞』の〈徴用工問題「支払いは韓国政府」で合意　外務省、日韓協定交渉の資料公表〉というタイトルの記事によりますと、こうなっています。

〈……対日請求要綱は八項目で構成され、そのなかに「被徴用韓人の未収金、補償金及びその他の請求権の弁済を請求する」と記載されている……要綱と併せて公表された交渉議事録によると、一九六一（昭和三十六）年五月の交渉で日本側代表が「個人に対して支払ってほしいということか」と尋ねると、韓国側は「国として請求して、国内での支払いは国内措置として必要な範囲でとる」と回答した。韓国側が政府への支払いを求めたことを受け、日本政府は韓国政府に無償で三億ドル、有償で二億ドルを供与し、請求権に関する問題が「完全かつ最終的に解決されたこと」を確認する請求権協定を締結した。しかし、韓国最高裁は昨年、日本企業に元徴用工らへの損害賠償を命じた判決を確定させた。日本政府は「国際法違反」として韓国政府に早期の対応を求めている〉

これは、非公開だった部分ですが、韓国政府が二〇〇五年に勝手に公開した内容です。

だから、日本側としても、公開する負担が少なかったのでしょう。ちなみに、二〇〇五年に公開はしたものの、韓国側に不利な内容だったので、今の韓国ではほとんど話題にならないでいます。本書でももう少し後で、触れることになります。

●「賠償」は違法なことに、「補償」は合法的なことに対して支払うもの

普通なら、日本政府機関（外務省）がこんな資料を持ち出した時点で論争も終わるはずですが、資料公開の翌日、韓国側の多くのマスコミ・政治家たちが、また同じ主張を繰り返しました。「それらの文書には『補償』と書いてある。『賠償』ではないから、それは意味がない」というのです。

〈……しかし、日本の外務省が公開した対日請求要綱と議事録に使用された表現は、公権力の適法行為に対する対価を意味する「補償」であるのに比べ、韓国最高裁の判決は、不法行為への金銭的支払いを意味する「賠償」判決という点で、公開された資料が日本政府の主張を直接的に裏付ける根拠にはならないという指摘が可能である……〉

（「聯合ニュース」）

ずいぶん前から、ブログや拙著で指摘してきましたが、「補償」と「賠償」の差は重要です。賠償は違法なことに対するもので、補償は合法的なことに対して支払うものだからです。特に日本の場合、「賠償」は併合が違法だったとする韓国側の主張に巻き込まれる恐れがあり、決して認めてはなりません。

ちなみに、韓国でも市民団体などは補償と賠償の差が分かっていないようで、明らかに賠償主張をしながら「補償しろ」と叫んだりする場合もあります。この場合、普通に「民間組織だし、補償と賠償を区別しないで使っているのだろう」という見方もできますが、毎日のように日本に謝罪と賠償を要求するフレーズを叫んでいる人たちだけに、「用語ぐらいちゃんとしろ」とツッコみたくもなります。

この問題は、一九六五年、基本条約のための話し合いにおいて、両国の間で難題とされてきました。日本との併合を「違法的な支配」としたい韓国は、当然ながら日本に「賠償」を要求し、日本側は「補償」としていました。でも、これでは話がまったく進みません。

一九六五年の担当者たちとてバカではありません。彼らは、彼らなりに必死になって、この問題を解決しました。それは、「補償か賠償か」ではなく、「日本と韓国の間の請求」にすることです。これを賢明だと見るか、ズルいと見るかは人それぞれでしょう。でも、私は、当時としてはかなりの妙案だったと評価しています。

●「何が」完全かつ最終的に解決されたのか

それでは、資料を見てみましょう。基本条約、請求権関連のどこの部分を見ても、「補償が解決」とも「賠償が解決」とも書いてません。両国にとって、受け入れられるようになっています。

基本条約だの請求権協定だの、そんな話をする際に、「完全かつ最終的に解決された」というフレーズがかならず出てきます。本文をお読みになったことがない方でも、このフレーズは耳にされたことがありましょう。しかし、意外と、「何が」完全かつ最終的に解決されたのかは、そう話題になりません。何が完全かつ最終的に解決されたと書いてあるのでしょうか。

以下、請求権協定（詳しくは「財産及び請求権に関する問題の解決並びに経済協力に関する日本国と大韓民国との間の協定」と言います）の第二条です。

〈両締約国は、両締約国及びその国民（法人を含む）の財産、権利及び利益並びに両締約国及びその国民の間の請求権に関する問題が、一九五一年九月八日にサン・フランシスコ市で署名された日本国との平和条約第四条に規定されたものを含めて、完全かつ最終的に解決されたこととなることを確認する〉

そう、「両締約国及びその国民の間の請求権に関する問題」が、「完全かつ最終的に解決された」となっています。だから、日本も韓国も、賠償でも補償でも、「国家の間の請求」はもうできません。

「日本の政府高官にも『個人請求権がまだ生きている』と発言した人がいる。だから韓国の個人賠償権もまだ残っている」という主張を、たまに耳にします。しかし、それは国民の個人請求件がまだ生きているのか、それとももう消滅したのかに関する各人の見解であり、「日本人の個人請求権が残っているから、韓国に請求できる（またはその逆もできる)」という意味ではありません。

もっと簡単に言えば、日本国民の個人請求権が残っているなら日本政府が解決すべきであり、韓国民に残っているなら韓国政府がなんとかすべきです。国家（政府、法人、個人）の間の請求は、その請求の性格が何であり、もう終わりました。後は、両国それぞれの国内問題です。実際、日本もそうしてきたし、これから時系列に沿って記していくことになりますが、韓国政府もそうしてきました。

第三章　「一つの声のルール」を無視した韓国

●「行政」「立法」「司法」が、国家として同じ意見を出す「一つの声の原則」

次に、「三権分立」の問題を見てみましょう。歴代韓国政府の動きも合わせて紹介いたします。

最近、韓国の文在寅《ムンジェイン》政府は、韓国最高裁の日本企業に対する賠償判決の件で、「司法（裁判所）がやったことだから、政府は干渉することができない」という言い訳をしています。そして、かならず「韓国は民主主義国家であり、三権分立の国だからだ」を根拠にします。本当にそうでしょうか。違います。

悲しいことに、人権、平和、環境、信仰など、とても「美しい」言葉を使って、自分の嘘がバレないようにする人たちもいます。韓国が主張する三権分立というのも、そういう類《たぐい》のものでしかありません。

そもそも、大統領への権力集中が問題になっていて、政権が変われば前の政権が作った法律は当たり前のように改正されてしまう韓国で、三権分立が意味を持つのか。そんな指摘もできます。ただ、ここでは、「少なくとも外交においては、歴代韓国政府（行政）が守ってきた基調を、裁判所（司法）も守るべきだ」という側面について、書いてみたいと思います。

三権分立というのは、昔から「外交」において制限されてきました。例えば、オックスフォード大学出版局の『Foreign Affairs in English Courts（イギリス法廷での外交）』という本には、「in matters relating to foreign affairs the judiciary and the Executive should speak with one voice（外交においては、政府と司法は同じ意見を出さないといけません）」となっています。「免責」も含めて、国家単位で重要な外交案件が発生した場合、声を合わせるのはおなじみのルールである、というのです。

三権分立とは、自由民主主義国家において必要なものでしょうに、「一つの声（同じ意見）を出せ」となると、それは民主主義の否定になりませんか、とも見ることができます。でも、外交においては、そうではありません。

三権分立というと、一般的には、「司法（裁判所）」「立法（国会）」「行政（日本の場合は内閣、韓国は政府）」がお互いを牽制し合うことを意味します。これは、国民主権を明らかにしている国家では特に重要で、司法、立法、行政のどちらかに権力が集中することで、その権力の本来の持ち主である「国民」の権利が抑圧される事態を避けるための働きをします。

しかし、国民の主権が「他国」にまで及ばないのと同じく、国家の主権はその国家「だけ」に限られます。「国家」そのものとして、他国と影響し合う事案、すなわち「外交」においては、立法も司法も行政も、それぞれが別の声を上げればいいというものではありません。

そもそも自分たちの主権が届かない他国との関係（外交）において、別々の声を上げて牽制しあっても意味がありません。だから、行政、立法、司法は、一つの国家として同じ意見を出します。それを「一つの声の原則（The Principle of One Voice、またはOne Voice Principle)」といいます。

余談ですが、一つの声の原則は、かならずしも外交や裁判結果だけに適用されるルールではありません。例えば、欧州認定協力機構（ＥＡ）などの政策説明にも、標準を作ることと「一つの声の原則」を繋げています。レストランで、周りの人たちと同じ料理を頼んで料理が出てくるまでの時間を短くすることを「『一つの声』ルール」と言う人もいます。

●三権分立が「外交問題」の言い訳にはならない理由

では、話を少し戻します。「立法（国会）」と「行政（政府）」が同じ意見を出して数十年前から守ってきた外交に関わる案件があるなら、「司法（裁判所）」がこれを破るのは、果たして三権分立のあるべき姿なのでしょうか。最初から裁判所が異議を提起していたとかではなく、数十年経った時点で、です。国会はその案件を認めて国内法を作りました。政府もその案件によって行政してきました。それを裁判所がひっくり返して、政府が「三権分立だから政府は何もできることがない」と言うなら、そんな「国家」の方針は外交と呼べるのでしょうか。

一部のネットの話ではありますが、最近、日本だけでなく韓国でも、「人権が重要だと言っている人たちほど、他人の権利を制限しようとする」という問題提起が目に付きます。韓国の三権分立主張も、表面的には自分たちの主権を大事にしているように見えますが、実は日本の主権を制限しようとしているだけ、そう見えてしまうのは、気のせいでしょうか。

あえて極端な書き方をしますと、三権分立はその国の内の問題だからこそ、その国の主権を支えることができるのです。それが、他国の主権を傷つけては、少なくとも外交関係は成り立ちません。

以下、硬い説明より、二〇一八年八月二十九日の『東亜日報』の記事のほうが分かりやすいので、部分引用してみます。

〈……外交には「一つの声の原則（one voice principle）」というものがある。政府内の各省庁はもちろん、政府の範囲を超え、外交に置いては「国家」として一つの意見を出す必要があるという意味だ。一八二八年、「グアテマラはどの国に属しているのか」が議論になった時、ランスロットシャドウェル英国最高裁判長が、「英国外務省が『グアテマラはスペインの領土だ』と宣言したのに、英国の裁判所が『グアテマラはスペインの領土ではない』と判決を下すわけにはいかない」と、この原則を明らかにした。それから、外交の主要な原則の一つとして通じている……。

……米国が強制徴用被害補償と関連して「一つの声の原則」を適用した事例がある。二〇〇一年、米国カリフォルニア州が、「過去の敵国によって正当な補償を受けられず、強制労働の犠牲となった人たちが、損害賠償訴訟を提起出来るようにする」内容の法を制定した。この法律に基づいて、日本に強制徴用された韓国人と中国人がカリフォルニア州裁判所に訴訟を起こした。その訴訟で、米国国務省は、「それぞれの州が、大統領が表明した国家全体の外交政策の利害関係から外れた負担を課すことができる自由を持っているとすると、大統領の外交レバレッジを深刻に制約することになるだろう。それにより、外国政府と交渉する権限が侵害されてしまう」という意見を表明した。最終的に、その法は違憲判定を受けた。そう、外交的に同じ声を出すために努力することは、まともな国なら当然のことであるのだ……〉

似たような概念として、「国及び国の行政機関（政府）は、同意なしには他国の裁判で被告になることはない」とする主権免除の原則など、とにかく他国との関係、すなわち外交は、「国家単位」で行われます。その国家のなかの三権分立が、外交問題の言い訳にはなりません。そんなの、その国の国内問題でしかありません。

●日本からすると、韓国はただ「国際法違反状態」なだけ

一九六五年、基本条約締結のとき、韓国の三権、政府、国会、裁判所のどれかが問題を提起し、「一つの声」が成立していなかったら、後で問題提起することもできるでしょう。しかし、本書でその証拠をいろいろ示しているつもりですが、ちゃんと韓国政府が補償を行ったし、韓国の国会は基本条約を批准、関連した国内法まで作りました。なのに後になって最高裁が「賠償しろ」と判決を出すのは、これは日本との外交関係そのものの崩壊、日本という国の主権を侵害する行為でしかありません。

また、同じ事案（個人賠償）に対する最高裁判決で、日本と韓国でここまで衝突していること自体、「外交」としてありません。日本と韓国が敵国関係でもないかぎり、普通、こんなことはありません。両国が友好国の場合は特にそうで（個人的に日本と韓国は友好国同士ではないと思いますが、少なくとも表向きにはそういうことになっています）、同じ事案で衝突する司法判決を出すと、その国との外交関係が悪影響を受けるからです。

今では日本側とまったく別の判決（日本企業の賠償判決）を出している韓国司法ですが、

実は、二〇〇九年七月十六日には、こんな判決を出していました。関連裁判の二審（高等裁判所）の裁判結果で、このときは原告たちが敗訴しました。

〈二〇〇九年、ソウル高裁第二十一民事部、原告敗訴（控訴棄却）判決。「旧日本製鐵の債務を承継しないという、日本の「会社経理応急措置法」などを適用した日本裁判所の判決は、大韓民国の善良な風俗や社会秩序に照らし、許容可能だ」（二〇一八年十月三十一日／「ニュース1」／「強制徴用訴訟、日本裁判所から最高裁二審まで」より）〉

最後の「善良な～」の部分はマニュアル的なもので、他国の裁判結果をそのまま適用する際によく使います。すなわち、日本と韓国は、この案件において法的判断を共有しているという宣言になります。外交に関わる案件においては、これが一般的な判断となります。そのあと、控訴（二〇一二年）で、最高裁は判断を変え、日本企業の賠償責任を認めました。

この問題は、日本政府側の発言からも、見出《みいだ》すことができます。韓国側の「三権分立だから政府に出来ることはない」という主張に対し、日本は「国家間の条約というものが、『当事国の政府機関』を拘束するものだ」と主張しています。

菅義偉官房長官（当時）の発言を一つ紹介します。

〈……菅義偉官房長官は（※二〇一九年一月）十五日にテレビ番組に出演し、韓国政府の強制徴用賠償判決への対応姿勢を批判した。菅長官は十五日夜の「BS日テレ」の番組に出演し、韓国政府の強制徴用賠償判決への対応姿勢について、「国際法の大原則を否定するようなことは、すべきではない」と指摘し、「条約というのはすべての当事国の政府機関、そこを拘束するということ。そこには司法も含まれる」と主張した〉

（二〇一九年一月十六日／『中央日報』）

ここでいう「条約とは、すべての当事国の政府機関を拘束するもの」という考えが、まさに「一つの声の原則」から始まるものだと見ていいでしょう。日本が条約を結んだ相手は、「韓国」です。朴正熙《パクチョンヒ》でもないし、韓国の司法でもありません。韓国という国のなかに韓国の三権分立が含まれているわけで、韓国の三権分立のなかに韓国という国が含まれているわけではないのです。

日本からすると、韓国はただ「国際法違反状態」なだけです。

●条約締結後に「条約は無効だ」とする主張はあまりなかった

繰り返しになりますが、三権分立には司法だけがあるわけではありません。立法で国内法を作るのも、その法に基づいて行政として処理していく政府も、三権分立の対象です。

一九六五年当時、韓国はどんな国内法を作ったのでしょうか。政府はどんな行政を施していたのでしょうか。もしその国内法の内容が「日本と韓国の請求権問題は解決済み」に基づいたもので、韓国民間への補償は韓国政府が行うべきだとし、たいした衝突もなく国会を通過し、政府もまたその法律に沿って動いたとすると、今の韓国最高裁の判決は、ほかでもない韓国の三権分立に大きな「ねじれ」を作ったことになるのではないでしょうか。

このような側面を意識しながら、一九六四年からの韓国側の動きを見ていきましょう。

一九六四年から一九六五年の韓国社会の反応について、韓国では、「韓国社会は日本との条約締結に強く反対していた」というのが一般的な認識です。今でも韓国社会が朴正煕大統領及びその系統の政治指導者たち、いわゆる右派を「親日」としている理由の一つでもあります。

朴正煕氏が当時の日本の政治家たちに「私が日本の弟になります」というふうに卑屈なほど頭を下げ、国民の反対を武力で押しつぶし、国のプライドをまるごと日本に捧げ、基本条約を締結、朴正煕氏と支持派だけが大きな利益を得た、というのです。特に、朴正煕氏は併合時代に日本軍士官学校出身だったこともあって、なおさらです。

それもそのはず、併合時代に「一部の親日派以外は全員が日本に抗《あらが》っていた」というのが韓国人の精神世界においての「輝かしい韓国民族」の姿ですから、一九六四年に日本との外交関係修復が受け入れられたとなると、設定上の矛盾が顕《あきら》かになってしまうではありませんか。

当時の記事を読んでみると、確かに、韓日合意（基本条約締結）に、野党側は激しく反対しました。また、基本条約締結の一年前からは、ソウルを中心に激しい反日デモが起きたりしました。

しかし、同じく当時の記事を読んでみると、二つ、重要な点が見えてきます。

一つは、「反対」側が自滅した点です。当時韓国の野党側は、日本との外交関係樹立を「全面反対」する民政党側と、日本との外交関係樹立そのものには反対せず、条約の必要性を認めながらも、条約内容をもっと韓国に有利にすべきだとする、いわば「現在案に反対」する民主党側に分かれていました。これが、「反共」や「経済」という圧倒的な説得力で日本との条約締結の必要性を強調、国民を説得した、政府・与党側との致命的な差です。

もう一つは、意外と、条約締結後に「条約は無効だ」とする主張があまりなく、長くも続かなかった点です。基本条約が国会で批准されるまでは、条約は全面無効だとか、決して批准に同意しないとか、一部の政治家を中心に激しい動きもありました。ですが、一九六五年八月十四日、与党と無所属議員だけで批准案が国会を通過してからは、野党側も国会に戻り、普通に関連法案の作成を議論します。関連法案の作成に参加したというのは、基本条約を認めたということになります。

それからは、全面無効を主張する声はあまり聞こえませんでした。まるで、それまでの反対が、野党側の何かのパフォーマンスだったような気もします。条約の全面無効を主張した野党側の主要人物尹潽善《ユンボソン》氏は、その後の一九六七年大統領選挙で朴正熙氏に大差で敗北、政治人生が終わることになります。

●全面反対派の主張「南北統一後に」へのアレルギー

当時、もちろん基本条約に賛成する人も反対する人もいたものの、賛成する側のほうがずっと安定しているように思われます。政府と与党「民主共和党」は賛成していて、経済政策のための資金確保の必要性、そして、日本との外交関係は韓国だけの問題ではなく、自由民主主義陣営と、北韓共産傀儡《かいらい》徒党（北朝鮮）、中共（中国）、ソビエト連邦との対立という広い視野で見ないといけないとし、当時の韓国最大の国是であった「反共」に基づく立場を強くアピールしました。この主張は揺るぎなく、政府・与党側で一貫しています。

しかし、反対する側、主に野党側は、「全面的に反対する」か、それとも「日本との外交関係を望むものの、今の政府の案には反対する」という二つの陣営に分かれていました。すなわち反対派は分裂しており、しかも、全面反対する人たちは「北朝鮮と統一するまでは、日本と外交関係を持ってはいけない」という主張までしていました。これは、全面反対ではなく現在の案に反対していただけの、別の野党側の人たちにとって、「一緒にされたくない」案件でした。同じ主張のせいで致命的に負けた過去があるからです。

一九四八年に韓国で初めて総選挙が行われ、李承晩《イスンマン》初代政府が誕生したときのことです。当時、李承晩側は米軍主導のもと、管理権限が生きている（北朝鮮はすでに金日成《キムイルソン》政権ができていたので、韓国側の管理権限が及びませんでした）南半分だけで総選挙を行うべきだと主張し、結果、そのとおりになりました。

しかし、反対派の金九《キムグ》派は、北朝鮮と一緒に総選挙を行わないと意味がないと主張していました。これが、韓国の「右派（李承晩派）」と「左派（金九派）」の対立の始まりでもあります。韓国は憲法解釈として「北朝鮮は国家ではなく、韓国の半分を違法占領しているだけ」としているため、この「北朝鮮と一緒に」というのは、反共精神の側面からすると、どうしてもイメージが悪くなります。

「北朝鮮の金日成（当時）政権を倒してからにしよう」と言えば、反共精神とも相性が悪くなかったはずなのに、なぜか韓国の左派政治家たちは、いつも「統一後に」「南北が一つになってから」を主張するだけでした。今では反共といっても政治思想のようになってしまいましたが、一九六〇年代～一九七〇年代の反共は、全国民にとって身近な脅威でした。

一九六〇年十二月にも慶尚南道《キョンサンナムド》の咸安《ハムアン》という地域の、普通に人が出入りしていた山で、武装した北朝鮮の工作員二人と韓国軍・警察との銃撃戦が発生、工作員二人が射殺される事件がありました。そんななか、「北朝鮮と一緒になるまで待て」という意見に、韓国の世論が同意したとはとても思えません。

当時の全面反対派は、結局、国会の外で暴力デモを扇動するやり方に出て、同じく朴正熙政府の暴力鎮圧によって潰されます。それに、先にも書きましたが、彼らは基本条約（韓国でいう韓日合意、韓日協定など）の国会批准までは全面反対主張を曲げなかったものの、批准後はそこまで強く反対することもありませんでした。彼らの扇動に乗ってデモに参加、逮捕された無数の大学生たちは、いったい何だったのでしょうか。

●基本条約締結は「反共（反・北朝鮮）」と繋がっていた

それでは、一九六四年三月二十日『朝鮮日報』の「韓日交渉（基本条約のための日韓の協議）、なぜ賛成するのか、なぜ反対するのか」という記事を紹介します。

基本条約の大まかな内容が知られ、国会でも大きな論争が起きていた頃のことです。この記事で特に面白かったのは、与党議員が「韓日間の条約が韓国に必要だ」の根拠として、

「反対する連中が揃いも揃って共産主義者だから」と言っている点です。こういう発言からもまた、当時、日本との基本条約締結が「反共（反・北朝鮮）」と繋がっていたこと、そして反共がどれだけ強い影響力を持っていたかを、垣間見ることが出来ます。

また、引用部分に「平和線」という言葉が出てきますが、これは韓国の李承晩初代大統領が、まだ朝鮮戦争中だった一九五二年一月、当時の国際ルールを無視して勝手に宣布した海洋主権ラインのことです。表向きの目的は韓国沿岸水域の保護のためとなっていますが、国際ルールを無視していたし、結果的には日本との漁業・領土紛争にもなりました。「李承晩ライン」または「リーライン（Lee Line）」ともいいます。

海岸から平均六十マイルの水域に含まれる鉱物など水産資源を所有するとしながら一方的に設定したラインであり、日本をはじめ周辺国からしても大きな迷惑行為でした。基本条約のときに結ばれた日韓の漁業協定により、事実上、なくなります。後で記事を引用することになりますが、この平和線を維持できるかどうかが、韓国では大いに注目されました。

〈今、韓日交渉の妥結という、まれに見る歴史の転換期において、与党も野党も、全国民が注視するなか、熾烈な賛否論争・闘争を繰り広げている。政府と民主共和党（※当時の与党）は、夏までは妥結するために拍車をかけており、国会内で反対闘争をしていた在野勢力は、「対日屈辱外交反対凡国民闘争委員会」を構成し、闘争を国会の外にまで拡大、地方での遊説で大衆運動化を図っている。

韓日交渉の反対には、明らかに違う二つの動きがある。一つは南北が分断された状態では韓日交渉をしてはならず、国交正常化は南北統一の後にしないといけないとしながら韓日交渉そのものに全面反対する立場であり、例えばビョン・ヨンテ氏（※国務総理出身の左派寄り政治家）などがそうだ。もう一つは、韓日交渉は必要であり、ただ今の内容では韓国に不利だから、今のままではできないという立場であり、闘争委員会の立場がこれにあたる。

しかし、反対に熱くなり過ぎて、二つの立場が混合されてしまったり、闘争の過程のなかで「全面反対」だけがクローズアップされたりもした。だから、同じ在野側であるにもかかわらず、民主党の一部では「民政党の全面反対闘争など納得できない」（ユ・ソングォン議員）、「今交渉をやらないと、両国にとって不幸を招くだけだ」（ハン・トンスク議員）と言うし、闘争のやり方に懐疑論が広がり、民政党内部でも似たような動きがある。

また、そのような闘争が、政権掌握（※政権交代）を目標とした政党の道具と化しているのもまた、どうしようもない側面であろう。

韓日問題の核心を、米国と日本を地主とマルム（※小作管理人）に喩《たと》え、「韓国が、地主である米国に依存し続けるのか、それとも小作管理人の日本に依存するのか」と見る野党側の人士もかなり多い。

だから彼らは、「どうせ依存するなら大金持ちの米国に依存すべきものであり、意地悪な小作管理人である日本に依存するわけにはいかない」と言う。だから、「米国は韓国を諦めたりしない」（カン・ムンボン議員）だろうから、いつまでも米国にぶら下がることができるとも言う。

日本との交渉を支持する側の意見としては、まず「反対する人たちが、揃いも揃って共産主義者であることに注目する必要がある。単に韓国と日本の間の交渉が妥結されることが、彼らにとって不利益をもたらすからだ」（ユン・ジュヨン共和党事務次長）と簡単な論理を展開し、「フランスの中共（※中国）承認が、世界の勢力均衡にどのような変化をもたらすか分からない。また、一九六三年だけで一億五千万ドルの対日交易実績をあげた北傀（※北朝鮮政権）の進出を、韓日の交渉で直接・間接的に牽制する必要がある」（キム・ドンファン議員）とも言う。また、対日議求権と経済協力が私たちの経済の跳躍を約束するものだと言い、近代化という命題のなかで経済的理論を展開する。賛否論の主な争点は、請求権、平和線、経済協力などの問題である……。

……韓日問題をめぐる対立は、前の大統領選挙に負けないほど熱くなりそうだ。しかし、ある人士は「韓日会談の妥結は、もう止めることなどできないだろう。私たち（※反対する側）は弔旗を掲揚することになるだろうけど、仕方ない」とも言ったが、いざ国民は今のまま妥結すべきかどうか、一刀両断的な判断はできないでいるようだ。不満はあるが、だからといって、しないわけにもいかない、アンビバレンス（※同一対象に愛と憎しみ両方の感情を抱くこと）。それでも、現実は私たちに両者択一を要求している。その判断は、私たちの運命を決める歴史的な判断になるであろう〉

ほかにも、すでにこの時点で請求権資金の規模は大まかに報じられていて、「韓国政府はあまりにも低姿勢だ」という意見もあれば、「日本が韓国に置いていった資産が韓国政府に帰属されたことを考えると、今回日本から受け取る資金は決して私たちが譲歩したものではない」などの意見もあります。また、引用部分の「依存すればいい」もそうですが、

「今回の機会を逃せば、二度とチャンスはない。朝鮮半島の人たちに少しでも悪いと思っている日本人が生きている間に条約を結ぶべきだ」など、「国会議員が言うことか、これが」という意見も載っています。

●李明博《イミョンバク》大統領が参加した韓日協定反対「六・四抗争」

個人的に気になったのは、共和党からの発言ですが、「対日請求権の根拠はサンフランシスコ講和条約であり、そこには韓日両国が特別協定により決定するようになっている。一九五七年の米国政府の見解では、終戦当時日本政府や個人が韓国で所有していて、（※終戦後に）韓国政府に帰属した財産により、韓国の対日請求権はある程度は充当されたとなっている。そのような点からして、無償三億ドル、政府借款二億ドル、民間借款一億ドルは決して譲歩しすぎた金額ではない」（キム・ドンファン議員）です。

韓国では、今でも「そもそも併合時代は日本による違法占領だったから、当時日本が朝鮮半島に置いていった資産は韓国がもらって当然だ。それと賠償はまったく別の問題」という主張が受け入れられています。

しかし、基本条約締結当時の国会では、サンフランシスコ講和条約や帰属資産などについても、韓国なりの（日本が置いていった資産は本当はもっと価値があるものだと私は思っていますが、あくまで韓国なりの）議論が行われていたことが、当時の記事から確認できます。

日本企業に個人賠償を命じた韓国最高裁判決のことで、「サンフランシスコ講和条約による戦後秩序を破壊する行為」という意見を、たまに日本側から目にします。単に日韓関係から離れても、基本条約と戦後秩序（サンフランシスコ条約）が結び付けられていることを、一九六四年から韓国国会は認識していたのです。

それから、全面反対派は、「韓日協定反対闘争」とされる運動をさらに積極的に展開、国会の外での闘争を扇動します。主に大学生たちがそれに同調し、一九六四年五月から六月にかけて、ソウルを中心に、激しい反対デモ、反日デモが起きました。

特に規模が大きかったのは、同年六月四日から始まったデモで、日付けに因《ちな》んで「六・四抗争」といいます。後に韓国の大統領になる李明博《イミョンバク》氏も、大学生だった頃にこのデモに参加、逮捕されました。李明博氏は政治家になってからも、この六・四抗争の仲間たちから様々な意見を聞き入れた、と言われています。

李明博氏といえば、竹島（韓国でいう独島《ドクト》）に上陸したり、「天皇がひざまずいて謝罪すべき」という発言をしたりして、日韓関係に深い傷を残した人でもあります。彼の反日の根は、六・四抗争のときと変わっていないのかもしれません。今は賄賂《わいろ》などの罪で服役中です。

●請求権資金を「間違っても政治資金にはするな」

そういえば、つい最近、韓国側のネットの、とあるサイトで聞いた話を紹介しましょう。当時のデモで中心勢力だった大学生たちが大人になった、おおまかに一九七〇～一九八〇年代は、韓国で反共教育がもっとも強かった時代です。「日本と外交関係を結んだおかげで、韓米日三角同盟が可能になり、北朝鮮に対応できるようになった」という考えが一般的になりました。当時の韓国社会は、「反日思想」ももちろんありましたが、どちらかというと「反共思想」のほうが遥《はる》かに強く、日本に対してまだ「自由民主主義の仲間」という認識がありました。

当時の反日闘争に参加していた大学生たちは、反共教育を受けた自分の子供に、「日本との外交関係はいけない」と教えることは出来なくなったわけです。そこで、彼らは「日本の文化は低俗なものばかりなので、外交関係をこれ以上深めてはならない」と教えました。それが、今でも韓国社会で蔓延《まんえん》している、「日本文化は低俗だ」という考えの始まりである、という話です。本当なのかどうか確認できる方法はありませんが、余談として記しておきます。

この一九六四年から一九六五年の基本条約反対デモは、かなり激しかったものの、ソウル以外までデモが広がることはありませんでした。ほかの地方で全く起きていないという意味ではありませんが、少なくとも、李承晩大統領を追い出した大規模デモである一九六〇年の「四・一九義挙」の再現を夢見ていた「全面反対派」の狙いは、失敗したと言うべきでしょう。

四・一九義挙の場合、全国でデモが発生、それがどんどんソウルで集約される形となりました。しかし一九六四年の反日デモは、ソウル以外の地方ではたいした勢いを見せることが出来ませんでした。全国的に起こるデモなら、さすがに鎮圧にも手間取ったはずですが、デモがソウルに集中していた分、鎮圧もソウルに集中され、効率よく行われました。

しかも、暴力デモを暴力鎮圧で潰すことなら右に出る者はいなかった朴正熙氏。明らかに反政府デモとなり社会インフラを占領するなど、基本条約反対デモ隊が暴力的になればなるほど、鎮圧もまた大規模に、そして暴力的になり、反日デモは右肩下がりとなります。

さらに、朴正煕氏が「日本からもらった資金で、国民に補償金を支払う」と強調、日本との外交関係が反共思想と繋がり、「反対デモ隊は共産主義者の反政府デモだ」という認識が拡散したこと、などなどで、世論は基本条約締結を受け入れる側に傾いていきます。

一九六五年になってからは、「条約締結そのものには賛成するけど、しっかりしてほしい」というふうに、マスコミの論調も条約締結を既成事実化していました。そもそも、反対デモが全国規模で激しくなったりしたなら、一九六五年に基本条約が締結出来たはずもないし、次の大統領選挙で朴正煕氏が勝利出来たはずもないでしょう。

そして、一九六五年六月、日本と韓国の間には基本条約が締結されます。いざ締結されてからも、流れが変わることはなく、条約内容に関していろいろと文句は出てきたものの、条約そのものを認める動きが主流のままでした。

マスコミ各紙の主な論調は、請求権資金の運用が「決して選挙対策になってはならない」「大勢の国民が待ち望んでいる。ちゃんと政府が補償すべきだ」「間違っても政治資金にはするな」などの指摘でした。特に、政治資金化されることを注意喚起する内容は、本当に無数の記事で確認でき、今もそうですが、当時の韓国社会が政治家たちを信頼していなかったことが窺《うかが》えます。後に、政治資金として使わないという内容は、関連法律にも明記されることになります。

●韓日合意最大の難題は「漁業問題」

そして、今では請求権関連が集中的に論じられていますが、当時の韓国側の記事でもっとも問題と指摘されているのは、実は請求権問題ではありません。では何なのかというと、実は今でも日韓がもめている、漁業協定のほうです。

一九六五年三月二十五日の『京郷新聞』の記事「事実上消えた平和線……韓日で合意された漁業協定」は、韓日合意最大の難題を漁業問題だとしています（記事の日付はまだ基本条約締結前ですが、三月二十五日時点でほぼ妥結、二十七日に仮調印されました）。

最初のリードの部分だけ引用しますと、「韓日農相会談は、決裂の危機を免《まぬが》れ、済州島《チェジュド》周辺の漁場問題を解決、韓日交渉の最大の難題となる漁業問題を妥結、二十七日仮調印となった……」となっています。

実際には日本側もかなり譲歩しましたが、韓国側は最初に要求していたライン（漁場分けライン）から韓国側が多くを譲歩、韓国人が特によく食べるサバの漁場も四分の一程度を無くすことになったとし、『京郷新聞』だけでなく多くのマスコミが大々的に取り上げました。

では、国会はそうだとして、韓国の国民は、朴正煕氏の基本条約締結、及びそれからの請求権資金の運用、民間補償もそうですが、請求権資金全体の運用において、どんな評価を下したのでしょうか。現在のように具体的な世論調査データがあるわけではないので、基本条約「だけ」をどう思っていたかは、なかなか確認が取れません。ただ、それからの大統領選挙結果なら残っています。

●韓国民は朴正煕氏の政策を支持していた

一九六〇年に経済政策の失敗・明らかすぎる不正選挙などで、全国的なデモが発生、李承晩大統領が追い出されます。それから韓国では左派・親北政治家が中心となる「民主党」政権が誕生、尹潽善《ユンボソン》氏が大統領になりました。李承晩氏の反共路線に対する反作用もあって、「行こう、北へ。来い、南へ」というフレーズが流行《はや》るなど、国全体が一気に親北ムードになりましたが、それを見かねた朴正熙氏が一九六一年五月十六日にクーデターを起こして、あっけなく国を掌握、実権を握ります。

それから、二年以上も大統領がいないまま「議長」として朴正熙氏が国を統治、一九六三年十月五日、国民に判断を問うという趣旨で大統領選挙を実施、自らも軍人をやめ、「民主共和党」大統領候補として出馬します。その選挙では、クーデターで政権を奪われた尹潽善前大統領が「民政党」に所属政党を変え、候補として出馬しました。この尹潽善氏は、朴正熙氏に比べると対北政策にかなり柔軟な態度を示す人で、基本条約締結の全面反対を始め、朴正熙政府の政策に何かと反対、対立することになります。

選挙の結果、四十六・六％対四十五・一％で、朴正熙氏がかろうじて勝利します。今の朴正熙大統領のイメージは、負け知らずのカリスマ政治家でもありますが、やはりクーデターというイメージも悪く、またやり方が強圧的で、最初はこんなものでした。

それから一九六五年に基本条約が締結、一九六七年五月三日にまた大統領選挙がありました。同じく民主共和党の朴正熙候補と、今度は新民党の候補として尹潽善氏が出馬しますが、この選挙では五十一・四対四十・九と、前回の選挙より余裕で朴正熙氏が勝利します。その敗北で尹潽善氏の政治生命は終わり、金大中《キムデジュン》氏が名実ともに左派陣営のリーダーとなります。

ちなみに、一九七一年の大統領選挙で金大中氏は新民党の候補で出馬し、五十三・二対四十五・二で民主共和党の朴正煕氏に敗北したものの、彼の人気は日々高くなり、朴正煕政府は一九七二年に急に憲法を変えて直接大統領選挙制度を廃止、それから国民投票による大統領選挙が再開されたのは一九八七年となります。

このような結果からして、韓国民はなんだかんだで朴正煕氏の政策を支持していたと、私は思っています。特に基本条約と請求権資金の運用は、当時韓国でもっとも大きな話題であり、そこで国民の不満を買ったなら、このような選挙結果にはならなかったでしょう。

●朴正煕政権の一番の悩みは、「国内法」の作成

そんなこんなで、基本条約の締結に成功し、日本から有償・無償の借款を受け取り、経済成長のための決定的な資金を確保できた韓国。その後に、韓国に必要なものは何だったのでしょうか。

意外と韓国内ではあまり議論されない側面ですが、「相応の国内法を作ること」でした。考えてみれば、「国会でちゃんと話し合って、韓国政府が補償することに同意し、関連した国内法を作った」となると、韓国の主張が説得力をなくしてしまいますから、議論されないはずです。

それから五十六年後を生きている私たちは、当時の韓国政府が日本からもらった資金、韓国で言う「請求権資金」を使って、経済発展の土台を作り、韓国民に対しても補償したことを知っています。しかし、政府がお金を「使った」ということは、相応の法律があったという意味です。国内法がないと、いくら軍事政権の朴正熙大統領といえども、せっかくのお金を使うことはできません。

一九六五年当時の朴正熙政府にとっての一番の悩みは、その「国内法」の作成でした。基本条約により、韓国政府は民間（個人・法人など）の分まですべてのお金を受け取りました。それを韓国の経済発展のために使い、また民間にも補償金として配らないといけなかったわけですが、請求権資金の範囲をどこからどこまでにするか、その請求権資金のなかで、民間補償のために使う分は、またどこからどこまでにするのか。また、そのための国内法の案を作ったとして、国会（野党）は賛成してくれるだろうか。朴正熙政府は、真剣に悩んでいました。

一九六五年六月、基本条約締結に全面反対を主張していた民政党は、比較的柔軟な対応を見せた民主党と統合し、「民衆党」という政党になっていました。しかし、党内のライバルを除名するなど独善的な振る舞いを見せてきた尹潽善氏の人気は、右肩下がりになっていました。朴正熙政府からすると、これは好機でした。一方、尹潽善氏の代わりに、一九六三年に国会議員になったばかりの若いスポークスマンが、注目を浴びていました。彼が、後の朴正熙氏の最大のライバル、金大中氏です。

後に考察することになりますが、少なくとも基本条約が国会批准されてからは、金大中氏は尹潽善氏に比べると現実的な対応を見せ、朴正熙政府のスタンスに不満を顕《あき》らかにしながらも、基本条約批准後の関連法律制定において、きちんと国会で議論に参加し、過激なデモを扇動することもありませんでした。

●今の韓国社会よりレベルの高かった当時のマスコミ

一九六五年、韓国の国会。日本との外交関係修復（基本条約締結）のことで、様々な議論が起こっていました。ただ、すでにこの時点では、全面反対派の主張は、影響力を失いつつありました。個人的に、一九六四年六月からの暴力デモが失敗したのが、ダメージが大きかったのではないか、と思っています。

これはマスコミ側も同じで、もちろん軍事政権ならではの「大人の事情」(事情と書いて圧力と読む)もあったでしょうけど、全面反対または条約無効を主張する記事はほとんどありません。「なぜ日本側にもっとビシッと言わなかったのか」「なぜ平和線を守らなかったのか」「まさか日本からもらったお金を政治資金にする気じゃないだろうな」、などの記事なら、無数にありますが。

例えば、韓国の歴史観通りに、日本側に「併合が違法だった」「韓国だけが朝鮮半島の唯一の政府だ(北朝鮮は政府ではなく違法集団にすぎない)」などをちゃんと伝えたのか、なぜ「賠償金」ではなく「経済協力金」という名目にしたのか、日本に必要以上に低姿勢、屈従する態度を示したのではないか、独島(竹島)領有権問題はなぜ結論を出さなかったのか、漁業協定でもっと韓国側の漁業領域を取ることはできなかったのか、などなどの記事が、複数のマスコミから確認できます。

しかし、それでも「だからこの条約は無効だ」「条約をやり直すべきだ」という内容の記事は、ほとんどありません。むしろ、「これで日本に賠償せよと言い出せなくなってしまったじゃないか。この無能な政府！」という嘆きのような記事なら、いくつかありました。

この点においては、むしろ今の韓国社会よりもレベルが高いと思えて仕方がありません。今なら、間違いなく大規模デモが発生し、大統領を弾劾《だんがい》し、次の大統領は当たり前のように国際条約の無力化を宣言、マスコミはその扇動に夢中になっていることでしょう。妙な気分です。

●基本条約批准後の韓国政府と国会の反応

しかし、「朴正熙政府はさっさと国民（民間）に補償せよ！」という記事及び野党側の要求が溢れかえるなか、いざ朴正熙政府の動きはパッとしませんでした。一九六六年一月の時点でも、民間補償について、政府内部、関係省庁で意見が合っていませんでした。

当時の外務部（現在は「外交部」と言います、日本でいう外務省）は「最小限の補償だけをする」としていたし、財務部のほうは「それでも出来る限り国民に補償するのが政府機関の責任ではないか」としていたことが、記事から分かります。ただ、両方に共通することは、「もう対日民間請求は出来ない」「韓国民に補償するのは韓国政府」という認識です。

それでは、基本条約批准後の韓国政府と国会の反応、分かりやすい記事を一つ見てみましょう。一九六六年一月十三日、『東亜日報』の「補償の範囲」からの部分引用です。

〈（※当時の朴正熙政府が、民間への補償についてもっとハッキリした態度を取るべきだと指摘する内容の後に）……これに対し外務部（※外交部）側は、請求権は政府が外交特権で全般的に請求したものであり、政治的に一括妥結されたものであるため、今になって政府が民間人に補償してやる法的義務はなく、ただ、政治的に国民に公約したものだから、政治的に判断して、裁量で処理するしかないとし、過多な期待に冷水を浴びせた。

外務部側はまた、韓日間の個人請求権は法的に消滅、時効が過ぎたので、もし民間に補償するとしても根拠が確実ないくつかの案件に限定し、補償対象を最小限にすべきだと言った。これは、補償金額を大幅に削ろうとする政府の底意を表したのではないかと思われる。関連した多くの債権者（※補償対象者たちのこと）を、大いに失望させることとなった。

しかし、民間補償の実務を担当する部署である財務部側は、補償の法的根拠に対して法務部の有権解釈を得て、憲法に国民の基本財産権が保障されており、政府が請求権資金をもらってきた以上、民間に対しても保障すべき法的義務があると明らかにした。そして、民族感情を考慮しても、そして来年の選挙を考えても、補償をしてやるべきであり、万が一政府が民間保有分（※民間への補償分）を按配《あんばい》するとしても、結果的には政府に帰属される分が九割を超えるだろう。その資金を建設事業などに再配分する形をとることも出来る。また、純粋に民間補償するにおいても、政府所有の株式に変えて支払うなど、補償方法はいろいろ考えられると話した……〉

●韓国政府が韓国民間に補償するのが当たり前の論評

この記事は、日本企業への賠償判決を唯一神の命令のように崇めている最近の韓国側の記事と比べてみると、韓国政府が韓国民間（個人・法人）に補償するのがあまりにも当たり前のように書いてあって、ただならぬ違和感があります。特に外交部は「政府権限で全般的に（民間の分まで）もらってきたが、だからといって民間に補償しないといけない法的義務はない」と、韓国政府は民間の分までもらってきたことを極めて自然な形で話しています。

これは、「政府が民間の分まで持ってきた」という事実を、関係省庁だけでなく、新聞側も読者（国民）側もちゃんと認知していたと見て間違いないでしょう。それが認知されてなかったなら、関連した説明などが注釈として入っていたはずです。

朴正熙政府は、昔も今も、「政府」としてのアイデンティティーに弱点を持っています。軍事クーデターで実権を握ったからです。もちろん、それからもちゃんと選挙を介して朴正熙氏は大統領になれましたが、それでもやはり「民主的に選ばれた政府」というイメージを、韓国民に、そして朴正熙政府の命の綱だった米国政府に、きちんと示さないといけない、そういう強迫観念がありました。

韓国ではこうした「きちんとした名分のある存在なのかどうか」を「正統性《ジョントンソン》」と言い、とても重要とします。ドイツの政治社会学者マックス・ウェーバーの「legitimacy」によく似た概念ですが、儒教国家である韓国では、嫡流《ちゃくりゅう》かそうでないかのような感覚で、特に重要視されています。

●日韓で請求権について話し合われた「第五次韓日会談会議録」

　そんな弱点がまだ顕らかだった一九六六年。先にも紹介しましたが、一九六四年の選挙で勝ったとはいえ、その差は僅《わず》かなものでした。朴正煕氏は支持率対策として、そして日本との外交関係樹立に反対する勢力を牽制するため、「日本と韓日協定（基本条約）さえ締結できれば、韓国政府が民間の分まですべて補償してやる！」と大々的に公約していました。なのに、いざ締結されると、これといった発表もなしに、翌年（一九六六年）の正月を迎えたわけです。国民もイライラしていたことでしょう。

　もともと、韓国政府が民間の分まですべて受け取っているのは、明らかです。二〇〇五年、韓国の盧武鉉《ノムヒョン》政府が基本条約に関する文書を公開したことがあります。そのなかには日韓の間で請求権について重点的に話し合った「第五次韓日会談会議録」も含まれていますが、請求権小委員会の十二次会議（一九六一年四月二十八日）と十三次会議（一九六一年五月十日）において、韓国側はこのように発言しています。すべて、二〇〇五年一月十七日の「聯合ニュース」の記事からの日本語訳となります。

・「（※韓国側が要求する）未収金とは、その時点での規定により受けるべきだったものを、受けていないことを言い、補償金とは生存者、負傷者、死亡者を含む被徴用者への補償、すなわち精神的苦痛に対する補償を言うものである。そして、彼ら被徴用者には軍人、軍属を含める」

・「（※民間補償には）解決方法としては様々なものがありえるが、我々は、国が代わりに解決しようとしているのであり、またここで提示した請求は国交回復に先行して解決されるべきものと考えている」

・「私たちは国家として請求する。個人に対しては、国内で措置する」

・（※日本側が、日本の援護法を援用し、韓国の民間補償を日本が直接行いたいと意見を示すと）「被害者に対する補償は私たち国内で措置すべき性質のものだと思っている」「私たちは、国内措置として、私たちの手で支給する。日本側から支給する必要はない」

●「請求権資金の運用及び管理に関する法律」

ここまで言っておいて、さすがに韓国政府として民間に補償をしないわけにはいかなかったのでしょう。この文書は一九六六年当時には非公開でしたが、もし民間補償を行わなかったなら、日本側からも何かのクレームが来たに違いありません。

そこで、やはり政府が「民間請求権（法人・個人など民間の対日請求権の分）」を補償するという結論になり、先の『東亜日報』の記事からわずか一カ月後、一九六六年二月、そのためのもっとも基本的な法律が作られます。請求権資金関連の初めての国内法です。この時点では、まだ誰にいくら補償するのかの内容までは含まれていなかったので、野党側からこれといった反対があったわけでもありません。

これが、「請求権資金の運用及び管理に関する法律（청구권 자금의 운용 및 관리에 관한 법률）」という法律です。韓国の法律としては、「法律第一七四一号」となります。ここから似たような名前の法律がいくつか出てくるので、年度と番号を併記することとします。こちらは「一七四一号（一九六六年）」です。

それから、この法律のほかにも、詳細な内容の法律が作られることになります。それらについては与党と野党が喧嘩もしたし、いろいろトラブルもありました。例えば併合時代に軍人として徴用された人には、死亡者にも負傷者にも補償金を支払うべきだとする野党側の案と、死亡者にだけ補償するという政府案が衝突したりしました。

しかし、この一七四一号（一九六六年）に書かれた内容だけは、変わりませんでした。それもそのはず、「請求権資金の範囲」と「韓国政府が補償する」という内容は、まさに前提そのものだったからです。死亡者に補償しようが負傷者に補償しようが、そのための資金の定義と補償の主体（韓国政府）を明記した法律がないと、意味がありません。

それでは、請求権資金の運用及び管理に関する法律（一七四一号、一九六六年）の内容を見てみましょう。以下、新聞記事ではなく「韓国法令情報センター」の該当ページからの訳となります。※の「収入」ですが、韓国語では読み方が同じなので輸入なのか収入なのかちょっと悩みましたが、この場合は「収入（個人、国家、団体などが合法的に得た一定額の金額のこと）」と訳しました。あえて、「直訳」を心がけました。

〈第一条（目的）：この法律は、大韓民国と日本国の間の財産及び請求権に関する問題の解決と経済協力に関する協定（以下「協定」という）によって収入（※）される資金を使用することにおいて、国民経済の自主的で均衡の取れた発展に寄与できるよう、効率的に運用・管理または導入するために必要な事項を規定することを目的とする。

第二条（定義）：①この法律で「無償資金」とは、協定第1条1（a）によって導入される資金をいう。②この法律で「借款資金」とは、協定第1条1（b）によって導入される資金をいう。③この法律において「ウォン貨資金」とは、無償資金と借款資金の使用から発生する資金をいう。④この法律で「請求権資金」とは、無償資金・借款資金とウォン貨資金をいう（※二条は⑧まであり、⑤は「資本財」⑥は「原資材」⑦は「用役」⑧は資本財を所有する人の定義ですが、本書では省略します）。

第三条（資金の使用制限）：請求権資金は、大韓民国政府と大韓民国国民（大統領令が定める法人を含む）以外、これを使用することができない。

第四条（資金の使用基準）：①無償資金は、農業・林業及び水産業の振興・原材料及び用役の導入、その他これに準ずるものとして、経済発展に寄与する事業のために使用する。②借款資金は、中小企業・鉱業と基幹産業と社会間接資本を拡充する事業のために使用する。③ウォン貨資金は、前二項に規定した事業の支援や請求権資金管理委員会が定めたことにより使用する。

第五条（民間人の対日請求権補償）：①大韓民国国民が持っている一九四五年八月十五日までの日本国に対する民間請求権は、この法律で定める請求権資金のなかから補償しなければならない。②前項の民間請求権の補償に関する基準・種類・限度などの決定に必要な事項は、別の法律で定める……〉

●ざっと五億ドル。当時の韓国にとっては、とんでもない大金

法律は、資金を管理する委員会関連など二十九条までありますが、本書で紹介する分は五条までで十分でしょう。まず、この法律で特に注目すべきは、一条、二条（一～四項まで）と、五条の一項です。

まず一条からして、大韓民国と日本国の「間」の財産及び請求権に関する問題の解決〜としています。先に、「補償でも賠償でもなく、日本と韓国の『間』の請求権問題を解決したのが基本条約の意味」と書きましたが、韓国側もその内容を十分に理解していたことが、この一条からよく分かります。

二条一項〜四項は、本法でいう請求権資金が何なのか、範囲と定義を決めています。本法律でいう「協定」とは、「財産及び請求権に関する問題の解決並びに経済協力に関する日本国と大韓民国との間の協定」を意味します。「一条一の(a)」による資金を、「無償資金」とします。

日本側のネットでも普通に全文が検索できる「財産及び請求権に関する問題の解決並びに経済協力に関する日本国と大韓民国との間の協定」と対照してみましょう。

一条は、「日本国が大韓民国に経済協力（無償供与及び低利貸付け）する」であります。その一の(a)と(b)は経済協力金のことで、(a)は、〈現在において千八十億円に換算される三億合衆国ドルに等しい円の価値を有する日本国の生産物及び日本人の役務を、この協定の効力発生の日から十年の期間にわたって無償で供与するものとする……〉で、(b)は〈現在において七百二十億円に換算される二億合衆国ドルに等しい円の額に達するまでの長期低利の貸付けで、大韓民国政府が要請し、かつ、三の規定に基づいて締結される取極《とりきめ》に従って決定される事業の実施に必要な日本国の生産物及び日本人の役務の大韓民国による調達に充《あ》てられるものをこの協定の効力発生の日から十年の期間にわたって行なうものとする……〉となっています。

「かつ、三の規則にもとづいて」の三の規則とは、日本と韓国がそれぞれ「規定の実施のために必要な取極を締結する」ことです。

これを、先の一七四一号（一九六六年）の内容と合わせてみると、「無償資金」が千八十億円（約三億ドル）相当、「借款資金」が七百二十億円（約二億ドル）相当となります。「ウォン貨資金」はほかの資金の使用によって発生する資金となっていますので、おそらく、資金運用によって得られる資金だと思われます。法律一七四一号の成立時点では不明ですが、基本条約締結からあまり時間も経っていないし、まだ全額受け取ったわけでもないので、あるとしてもそう大きな金額ではなかったと思われます。

これらを合わせると、ざっと五億ドル相当となり、当時の韓国にとっては、とんでもない大金です。これが、韓国の国内法で定めた「請求権資金」です。

●請求権資金は「民間の分まで、韓国政府が国家として受け取る」

一七四一号（一九六六年）を続けて見ていきましょう。二条の各資金の定義は、民間に限られるものではなく、請求権資金全般に関する内容でした。民間請求権に関して詳しく記述しているのは五条で、その一項に、「大韓民国国民が持っている一九四五年八月十五日以前までの日本国に対する民間請求権は、この法律で定める請求権資金のなかから補償しなければならない（제五조（민간인의대일청구권 보상）①대한민국국민이 가지고 있는 一九四五년 八월十五일이전까지의 일본국에 대한 민간청구권은 이 법에서 정하는 청구권자금중에서 보상하여야 한다）」となっています。

特に重要だと思われるので、原文も併記しました。韓国の国内法により定義された請求権資金以外からは、民間請求権の補償自体が成立しないと、ちゃんと書いてあります。請求権協定で日本からもらった資金、及びその資金の運用で発生した資金以外では、請求権の支払いそのものが成立しないわけです。

請求権資金を「民間の分まで、韓国政府が国家として受け取る」ことが日韓の請求権協定の内容でしたから、当然、法律一七四一号（一九六六年）でいう「請求権資金内で韓国民に補償する」の主体は、韓国政府となります。実際、当時、韓国政府が補償しました。

繰り返しになりますが、この時点ではまだ「誰にいくら補償するのか」は決まっておらず、五条の二項に「前項の民間請求権の補償に関する基準・形態・限度などの決定に必要な事項は、別に法律で定める」となっています。

それから、一九七〇年代まで、細かい内容の法律が作られていきます。そして、「別の法」は大幅に遅れることになります。民間が「補償金ください」と申告（申請）する際の規定に関する「対日民間請求権申告に関する法律（法律 第二二八七号）」が出来たのが一九七一年。やっとのこと、民間補償の範囲を定めた「対日民間請求権補償に関する法律（法律 第二六八五号）」が作られたのは一九七四年。実際に補償金の支給が始まったのは一九七五年七月からとなります。

韓国では、一般的に「対日請求権で、韓国政府が民間に補償した際の法律」というと、この二六八五号（一九七四年）を指します。もちろん、請求権資金の定義や韓国政府がそのなかで補償するという内容は、一九六六年の一七四一号が前提になってこそ可能でした。

本書の趣旨的には、一七四一号（一九六六年）のほうにもっと意味があるのでしょう。

当時、一九八二年まで支給された民間補償金は、約九十二億ウォンだったと言われています。役目を終えた対日民間請求権に関する法律（二六八五号、一九七四年）は、全斗煥《チョンドファン》政権のとき、一九八二年、廃止となりました。

廃止の際に次のような付則（その二）が作られました。この付則が、韓国の法律第三六一五号となります。〈付則②（補償金の支払いに関する経過措置）この法律施行当時返済が終了していない請求権補償金または請求権補償証券の元利金については、供託法が定めるところにより、これを供託する〉。同じく、法令情報センターの該当ページからの引用です。

●韓国左派政治のレジェンド・金大中氏も同意

それから、二〇〇五年盧武鉉政府と二〇〇九年李明博政府のときにまたこの請求権問題が話題になりますが、その話に移る前に、一九六六年当時、「左派」政治家たちはどうしていたのかを見てみます。

韓国社会に関するニュースなどをチェックされる方なら、「右派（朴正熙政権）が賛成

したことだから、左派（当時の野党側）は反対したはずだ」と思われるでしょう。韓国は、社会のほぼすべての分野が、「極端に対立する二つ」に分かれて争い合う構造で出来ています。この現象は、昔は「ダンパサウム（당파싸움、党派を作って争う）」と呼ばれ、戦後は「集団利己主義」と呼ばれ、最近は「フレーム（レッテル貼り）」「ピョンガルギ（敵・味方分け）」などの表現で、韓国社会の慢性的な問題と指摘されてきました。日本では「ウリとナム（味方とそれ以外）」という言葉で知られています。

もともと特に政治分野でこの現象が強かったのですが、朴槿恵《パククネ》前大統領が弾劾《だんがい》されてからは右派（保守派）と左派（リベラル派）の争いがさらに鮮烈になりました。与党と野党が喧嘩するのはどこの国にもあることですが、韓国の場合、完全に「敵」同士の関係になっています。

韓国社会の対立の特徴として、「レッテル貼り」があります。この右派・左派争いも、初代李承晩政府が、反対する側を「北朝鮮のスパイだ」としながら潰すことから始まりました。そして、この「私と違う意見を出すやつはパルゲンイ（共産主義者）」というレッテル貼り攻撃は、軍事政権である朴正熙政府で最高潮に達していました。

その朴正熙大統領に対して、さらなる民主化を要求しながら抵抗していた野党勢力。

「民主化の仮面をかぶった共産主義者の集まり」という批判が当時も今も存在することは併記しておくべきでしょうけど、軍事政権が「反共」の旗のもとに反対勢力を潰しすぎたのもまた事実です。

その野党側のなかでも、金大中氏の人気はかなりのものでした。一九六六年時点でも金大中氏の人気は高かったのですが、一九七〇年代には朴正熙氏の「事実上の唯一のライバル」として成長します。そして、後に、韓国の大統領になります。初代大統領李承晩氏の没落と朴正熙氏のクーデターの間に存在した民主党政権（一九六〇年～一九六一年、政権維持は約一年）を除くと、韓国で初めて誕生した左派政権・左派大統領でもあります。

彼の功績に対する賛否はともかく、金大中氏が韓国左派政治の、まさにレジェンドであることだけは、間違いありません。

その金大中氏も、間接的ではありますが、一九六六年には事実上「民間請求権（個人、法人）は、日本ではなく韓国政府が補償すべきだ」という方針に同意していました。これもまた、反日・抗日を強く主張するだけの今の韓国左派に比べると、意外なことです。今であれば、影響力を持つ左派の人が右派の方針に同意するだけで、「親日派（本当に親日なのかどうかはどうでもよく）」「裏切り者」などのレッテルを貼られ、切り捨てられます。

「韓国政府が補償すべき」と氏が直接そう言いだしたわけではないため、金大中氏というより、「金大中氏及び野党側」と書いたほうが正確でしょう。とはいえ、金大中氏も民衆党も、政府が出した「政府が補償する」案について、細かい内容には異論を出しながらも、政府が請求権資金から民間に補償すること自体には、政府側と意見一致していました。

●野党も「韓国政府による民間補償」に異論なし

一九六五年から一九六六年当時、野党側が「韓国政府による民間補償」にどんなスタンスだったか。それは、法律一七四一号（一九六六年）が、政府側からの「案」として国会に上程されたとき、野党側がどんな反応を示したかを見れば分かります。

政府と野党の間には、同意する部分も、同意しない部分もありました。当時、金大中氏は野党「民衆党」のスポークスマンでしたが、民衆党が政府案に反対していた部分は、大まかに以下の四つだけです。補償の主体（韓国政府が補償）に反論する内容は一切ありません。以下、一九六六年二月七日、『京郷新聞』がまとめた内容です。

〈……野党の代案の核心は、①請求権管理委員会に国会議員は参加しないこと、②（※請求権資金を使った事業に）事業計画に対する国会の事前承認が必要、③無償資金による民間補償、④政治資金防止のための（※請求権資金が政治資金化するのを防ぐための）罰則の強化などと要約できる。民衆党のこのような代案に対し、政府・与党側も、民間補償問題に関しては野党の案に賛成の意を表しているし、政治資金防止のための罰則にも反対を示していない。ただ、もっとも問題になっている国会議員の不参加と国会事前承認については、鋭く対峙している……〉

もう少し後で二〇〇九年の記事から韓国外交部の関連コメントを紹介することになりますが、一七四一号（一九六六年）に適用されることはなかったものの、野党案の「民間補償は無償資金で」という案はそれからある種の原則となり、それからも民間補償は無償資金（三億ドル）で行われることになります。

この部分もまた、最近の韓国では「当時の三億ドルは被害者たちのための資金なのに、その極めて一部しか補償に支払われていない」としながら朴正熙政府を非難する材料とされています。ただ、当時の資料を見てみると、与党案も野党案も、三億ドル「すべて」を民間補償に使うという記録はどこにもありません。

　注目すべきは、政府も野党も、請求権資金の運用においての「力比べ」をしている、いわば政治的な側面での駆け引きは強かったものの、「韓国政府が民間補償を行う」こと自体に関しては、意見が一致していたことです。実際、一九六六年二月七日には民衆党の公式案が発表されますが、そこにも「韓国政府が補償する」に異論はありませんでした。

　一九六六年六月二十七日、『毎日経済』の「民衆党から代案、請求権補償法案」という記事からです。


〈政府が提案した対日請求権補償法案を審議するために用意された民衆党の補償法審議対策委員会は二十五日、政府の民間人被害補償率、日貨（※円貨）三百六十対ウォン貨二百七十の比率を、現実に合わせて修正し、死亡者に対して十万ウォン、負傷者に五万ウォンを支給するようにする民衆党の代案を用意した。

　キム・サンフム議員が発表した民衆党の代案を見ると、①過去日本政府によって軍人、軍属、及び労務者として徴用され、外地で死亡した者には十万ウォン、負傷した者には五万ウォンとする、②負債評価基準は当時の日貨はドル貨との比率を勘案して現実的に補償すること、③補償地域は日本が占領していた地域をすべて含めること、④政府案による九人の補償委員は五人に減らし、その機能を円滑にするために委員を交流させること、となっている〉

「民衆党」は民主党と民政党が統合した政党です。民政党の議員たちもほとんどが民衆党に含まれていましたが、全面反対を掲げて過激な闘争を繰り広げてきた民政党の議員たちが、わずか一年後に基本条約をすんなり受け入れて関連法案を出しているものですから、なんというか、呆れてしまいます。

このように、当時の左派、野党からも、韓国政府が民間補償を行うという点に異論はありませんでした。話を戻しますと、政府（行政）と国会（国会）、そして裁判所（二〇〇九年判決まで）が、「一つの声」を出していたわけです。

●盧武鉉政権の失態・非公開だった基本条約関連文書を公開

それからも、「経済協力金を受けただけだから賠償は受けていない」「日本に追加で賠償請求できる」「個人賠償請求権は消えていない」という類の議論は、韓国社会で定期的に現れては消え、消えては現れました。もちろんそれは政府公式のものではなく、市民団体を中心としたもの、非公式な議論でした。

対日請求権問題が再び「政府レベル」で騒ぎになったのは、二〇〇五年、盧武鉉政府のときと、二〇〇九年、李明博政府のときです。前者は、基本条約で請求権問題は終わっていないという方向性で、後者はその真逆、「請求権問題はもう終わっている」とするものでした。特に後者の場合、韓国政府（外交部）が初めて公式文書で「これ以上の対日民間請求は難しい」と明記したことに、大いに意義があると言えます。

二〇〇五年のことから紹介します。様々な分野で日米との衝突が多かった盧武鉉政府のとき、非公開だった基本条約関連文書を民間に公開する動きがありました。それを公開すると、きっと韓国にとって有利な内容が記してあるのだろう、日本からさらなる賠償を得るための証拠がその文書に書いてあるはずだ、そうした盲信があったからです。その動きを主導した団体を「韓日会談文書公開後続対策官民共同委員会」といい、当時は大統領府の首席秘書官だった現大統領の文在寅氏も、中心人物の一人として参加していました。

ちなみに、その委員会の代表の一人イ・ヘチャン氏は、後に韓国与党「共に民主党」の前・党代表でもあります。ですが、残念（?）なことに、先にも「聯合ニュース」の記事から会議内容を簡略に紹介しましたが、文書を公開しても韓国側にこれといって有利な内容はなく、韓国政府が民間請求分まで全部もらってきたことが明らかになるだけでした。

文書公開当時、日本にも韓国にも高速インターネットが普及、一部の日韓（韓日）翻訳掲示板が歴史問題討論の場となっていました。そこで、この文書公開を期待していた一部の韓国側のユーザーたちが、「なんということだ。日本の言うこと（民間請求権資金まで韓国政府がもらっていった）は本当だった」と嘆くのを見た記憶があります。

さすがに盧武鉉政府も仕方なく、「韓国」政府が民間に補償しました。当時の盧武鉉政府と官民共同委員会は、表向きには「朴正熙政府はちゃんと民間補償を行いませんでした。これから、本政府が、補償が受けられなかった人たちに、慰労金を支給します」と、自分たちの「善行」を国民にアピールしました。

しかし、肝心の（委員会の名前にもなっている）基本条約文書公開は、韓国側にとって何の得もなしに終わりました。当時、日本からの「追加」賠償を要求していた韓国市民団体などは、盧武鉉政府のこんな動きに反対し、補償金を拒否したりしました。

さあ、大変です。一時は、金大中政府から続いてきた対北朝鮮宥和政策、いわゆる「太

陽政策（햇볕정책）」が大きな支持を集め、左派陣営からは「今こそ南北統一に向かうとき」という話まで出ていた韓国。しかし、それから太陽政策はこれといった実績が残せないまま失敗、盧武鉉政府の支持率もガタ落ちでした。

しかも北朝鮮核実験問題などで、韓国では久しぶりに安保や反共といった保守右派に有利な雰囲気が形成されつつありました。韓国で、反共より大きな支持が得られるのは、反日だけです。基本条約に亀裂を作り、日韓関係、さらには日米韓関係を弱体化させ、相対的に南北関係、南北中関係を強化することも、昔から変わらない韓国左派陣営の処世術です。そんな盧武鉉政府としては、この「文書公開」は手痛いミスでした。

●「反人道的犯罪に関する分は、基本条約には含まれていない」

そこで盧武鉉政府と官民共同委員会は、「反人道（反人倫）的犯罪に関する分は、基本条約には含まれていない」という妙な理屈を展開します。資料をいくら検討しても、すでに法律的にはどうしようもないから、法律では判断が難しい「反人道的犯罪」という側面を強調、「旧日本軍慰安婦問題」「サハリン同胞（韓国では「サハリンに強制移住された韓国人たち」として日本の犯罪だとしています)」「原爆被害者」の三つを、その反人道的問題だと規定しました。反人道的な犯罪だから、条約では解決ができないというのです。

余談ですが、北朝鮮が日本に対してよく使う表現が、左派政権になってから韓国でも使われるようになるケースがいくつかあります。併合時代を意味する「日帝強占期」と、「日本の反人道的犯罪」というフレーズも、昔の新聞記事を検索してみると、一九八〇年代までは一部の反日強硬論者だけが使う言葉でした。それが、一九九〇年代になっていわゆる「慰安婦問題」が韓国でも騒ぎになり、そのときから急激に増え、盧武鉉政府のときから一般的な記述となります。

『韓国史教科書、どうやって偏向されたか』の著者、耽羅《タンラ》大学チョン・ギョンヒ教授は、「まだ大韓民国を帝国主義アメリカの植民地だと認識し、私たちの近・現代史を支配階級と民衆の対立としか把握しない『民衆史学』が韓国の教育界に忍び込んだこと」が、その大きな理由だと主張しています。その実例が「日帝強占期」で、この言葉の裏には、「今の韓国は『米帝強占期』だ」という裏の意味を持つと主張しています。

チョン教授はこのような北朝鮮の歴史解釈に同調する教育が本格化したのは一九八〇年代末からだと主張しています。実際、昔の記事を検索してみても、一九九〇年初頭までは、

「日帝強占期」という言葉はほとんどヒットしません。今では普通に使われていて、グーグル翻訳に韓国語「日帝強占期（일제강점기）」を日本語訳すると、「日本植民地時代」になります。「日本の反人道的犯罪」というフレーズはチョン教授の本には載っていませんが、似たような経緯で韓国で使われるようになったのではないか、と私は考えています。

今さらですが、なぜこの三つを選んだのか、それも微妙です。このなかで韓国内で話題になったのは慰安婦問題だけで、サハリン同胞や原爆被害者問題は、さほど注目されませんでした。あくまで噂ですが、盧武鉉氏がまだ人権弁護士だった頃にサハリン同胞問題に関心を持ったことがあり、詳しく調べもせずに三つの項目が決まったのではないか、そんな話もあります。ひょっとすると、将来的に「反日事案」として育てるために候補を残しておいたのかもしれません。

私見ではありますが、民間補償問題を掘り返して基本条約を無力化しようとした企《たくら》みが失敗し、その代替案として出てきたこの三つの項目。盧武鉉政府がこれら三つを基本条約の対象外とした理由は、「反人道的問題に対する賠償分は、基本条約では解決できていない」でした。

そして、この主張は、今の文在寅政府がそのまま受け継いでおり、「被害者中心主義

（被害者が納得しないなら、どんな条約も意味がない）」とする韓国政府の基本スタンスとして現れています。ある意味、「韓国は国際法違反状態だ」という、法律的側面を強調した日本の基本スタンスと、水と油の関係だとも言えます。

●日本企業に個人賠償判決を下した最高裁判決

それから、二〇〇八年、左派の盧武鉉政権は、右派の李明博政権へ、政権交代となり、二〇〇九年。これもまた今なら想像もできないことですが、韓国政府が「個人請求権の分も、韓国政府が日本から受け取ってある。もう日本側からお金を受け取るのは難しい」と公式文書を作成、裁判所に提出しました。

以下、同年八月十四日の「聯合ニュース」「政府、『徴用被害者追加請求は難しい』」と、二〇一九年八月十五日『中央日報』「韓日を揺るがした三つの局面（その二）・二〇〇五年に官民共同委が強制徴用被害者に七千億ウォン補償決定」という記事から、必要な部分を引用します。記事で三兆～四兆ウォン（約三千億～四千億円）という数字が出てきますが、これは韓国でも政府公式の数字ではなく、市民団体などが計算したものです。

〈(※韓国、当時 李明博)政府が、現在価値で三兆~四兆ウォンに達すると推定されている、日本による徴用被害者の未払い賃金、すなわち供託金の返還を推進するのは難しいという意を、一九六五年韓日請求権協定以来、初めて明らかにした。

また、徴用被害者の未払い賃金の放棄と引き換えに、請求権協定の際に経済協力資金を受けたことも認めたため、議論が予想される。

二〇〇九年八月十四日、ソウル行政裁判所によると、外交通商部は、徴用被害者たちが、政府の慰労金政策(※李明博政府の前政権となる盧武鉉政府の頃から、韓国政府が実施していた補償金のことです)に問題があると出した訴訟において、裁判所に出した書面で、「日帝動員被害者(の未払い賃金)供託金は、請求権協定により日本から受けた無償三億ドルに含まれていると見なければならず、日本政府に請求権を行使するのは難しい」と述べたのだ。

また、日本に供託の形で保管されている強制動員労働者と軍人及び軍属の未払い賃金は、額面でそれぞれ二億千五百万円、九千百万円など、計三億六百万円であると把握しているとも述べた。外交部のこのような立場は、強制動員被害者たちが受け取るべき分も、(※

基本条約締結の際に）国家が日本からすべて受け取り、国民の個人の権利まで消滅させたことを公式に確認したものである。過去数十年間、私たちの政府は、この問題に「戦略的にあいまいな態度（※作戦として、あえてハッキリした態度を示さないで過ごすこと）」を見せてきた。韓日会談（基本条約）と関連した最近の政府の立場は、韓日会談文書を公開した直後、二〇〇五年八月に出た。

政府は当時、「韓日会談文書公開後続対策官民共同委員会」を設け、「請求権協定は、両国の財政及び民事的債務関係を解決するためのもので、反人道的不法行為は解決されたわけではない」と公式立場を発表したが、その一方で、「請求権協定により、日本から受けた三億ドルは、個人財産の強制動員被害補償問題の解決のための資金などが包括的に勘案されたと見なければならないので、政府が相当額を被害者救済に使わなければならない道義的責任がある」という、曖昧《あいまい》な立場を堅持した。

官民共同委員会の見解をまとめると、（一）・旧日本軍慰安婦など国家権力が関与した反人道的不法行為とサハリン同胞、原爆被害者は、韓日請求権協定の対象に含まれない、（二）・日本の無償借款三億ドルには個人の財産権、対日債権など韓国政府が国家として保有する請求権、強制動員被害補償問題解決のための資金などが包括的に反映された、

(三)・日本から受領した無償資金のうち相当の金額を強制動員被害者の救済に使う道義的責任がある、というものだった(※この一・二・三の部分だけ、『中央日報』の記事からの引用となります)。

韓日請求権協定の未解決対象を旧日本軍慰安婦、サハリン同胞、原爆被害者に限定した点も、また争点となった。「それら三つのケース以外は、韓国政府が国家として保有する請求権、強制動員被害補償問題解決のための資金などが包括的に反映された」という部分が、解釈の余地を残したのだ。これに対し当時官民共同委員長だったヤン・サムスン氏は「委員会の活動は、外交文書で国家間の条約と約束を解釈するものだった。一九六五年の協定当時、強制動員の私的な請求権まで解決されたと見るのが正しいというのが、委員会の委員たちの、支配的な考えだった」とし、「異見・論争は特になかった」と振り返った。実際、二〇〇九年に徴用被害者の家族が政府を相手にして起こした行政訴訟でも、外交通商部は「日本政府に対して請求権を行使するのは難しい」という立場を伝えた。

これをもとに、政府は、「太平洋戦争強制動員犠牲者支援法」を制定し、二〇〇八年から「人道的次元で苦痛を慰める」という名目で、未払い賃金の被害者に一円を二千ウォンに換算して、慰労金を支給している。しかし、被害者は、物価上昇分が正しく反映されておらず、日本はもちろんのこと我々の政府すらも、加害者としての謝罪をまったくしていないと反発し、一部は慰労金の受領すら拒否している。

このように韓日政府が未払い賃金に対して曖昧な立場を取ってきたことで、被害者たちは今まで日本政府を相手に供託金を返してほしいという訴訟を起こしたが、いつも敗訴した。

慶北《キョンブク》大学のキム・チャンロク教授は、「外交部の今回の論理は、法的責任を回避しながら、人道的責任を負うべきだとする、既存の官民合同委員会のものとは違うスタンスであり、今後、政府に対する賠償要求が強く提起されるだろう」と予想した。外交部の関係者は、「請求権協定で受けた無償支援三億ドルに、未払い賃金の分も含まれているというのが、ずっと変わってない外交部の立場だ」とも述べた。

未払い賃金とは、日本企業が徴用された朝鮮人たちに支給していない賃金のことで、第二次世界大戦終戦直後の一九四六年、社会問題に飛び火し、日本の厚生省は、各企業に未払い賃金を供託金として預けるよう指示した。

現在、日本の銀行は強制動員被害者に支給されていない未払い賃金、三億六〇〇〇万円が供託されているが、これは供託当時の一九四五年直後の額面で、現在で物価価値に換算す

ると三兆〜四兆ウォンに達することが分かった〉

このように、二〇〇五年の官民共同委員会関係者の話からも、二〇〇九年の韓国政府の文書からも、請求権資金の定義と韓国政府が補償すべきという内容は明らかです。請求権資金の定義と、政府が補償主体だという点は、一九六六年の法律第一七四一号から変わっていないわけです。しかし、それでも、韓国は「反人道的」という言葉を凶器に変え、暴走を始めます。それが日本企業に個人賠償判決を下した最高裁判決であります。

第四章　「被害者中心主義」の思惑

●「基本条約の内容も韓国で変えることができる」という主張

　ここまで、いわゆる「元徴用工問題」「韓日協定（基本条約、請求権関連協定）」「関連した国内法」などを、昔の記事と最近の記事を繋げながら、考察してみました。

　関連した内容としては最後に、「反人道的」という言葉が、今の韓国政府にどんな形で受け継がれているのか、ほかでもない韓国歴代政府自らの手で守ってきた基本条約と請求権問題について、「今」の韓国、文在寅《ムンジェイン》政府はどんなことを主張しているのか。そんな側面を綴ってみます。

　まず、「韓国では国内法より国際法が優先するわけではないので、基本条約の内容も韓国で変えることができる」という主張です。ネット掲示板で適当に書かれている主張ではありません。結構高い職位の人たちが平気で主張しています。

　以下、元駐日韓国大使（二〇一七年十月から二〇一九年四月まで）だった李洙勲《イスフン》氏の主張を紹介します。基本的な内容は、「国際条約も韓国の国会が批准した以上、韓国の国内法と同じく、韓国最高裁がその条約の解釈を覆すことができる。だから基本条約で解決済みだという日本の主張は脆《もろ》すぎるものだ」、というのです。さて、本当にそうでしょうか。

まず、二〇二〇年十一月三日『ソウル新聞』のインタビュー記事から、該当部分を引用してみます。

〈……（『ソウル新聞』の質問：）「先に日本企業が賠償し、後で韓国政府が補填する」という案を韓国が提案し、日本が拒否したという、日本の朝日新聞の報道がある。また、一部では、政府や、一九六五年の請求権資金から多くの恩恵を受け取ったＰＯＳＣＯ（※浦《ポ》項《ハン》製鉄）のような韓国企業が代わりに弁済すべきだ、という案も出ているが、これについてどう思うのか。

（イ・スフン元大使の答弁：）複数の案が構想されているし、提案もした。しかし、最初に法的プロセス（※韓国側が差し押さえている日本企業の資産を売却すること、いわゆる「現金化」）が実施されるべきである。

もっとも重要なことは、被告人である日本企業が、被害者である原告と会わなければならない。すなわち、裁判所の外での和解が優先だ。中国とはそうした。日本政府が日本企業を縛って、被害者と接触しないようにしていては、問題を解くことができるか分からない。財団や基金を作る、経済協力資金の恩恵を受けた企業が出す、または私たち国民が寄付するなど、様々な方法があるが、とりあえず日本側が何かをしなければならない。

日本は韓国の最高裁判決を、一九六五年の協定違反だと主張しているが、その論理も、私たちからすると脆すぎるものだ。一九六五年の協定は、私たち国会で批准を受けた瞬間、国内法に準じて扱われる。国内法に混乱が生じた場合、最終的な解釈権は最高裁判所にある。したがって、植民支配、徴用問題に関する最高裁判決が反映される具体的な対応策が出るべきである。なのに、日本のように「韓国が解決せよ」と押し付けるばかりでは、いけない。

(質問) 韓日が、意見の接点を見つけることが出来なかった場合、最終的には現金化するしかないのでは。

(答弁) 政府が現金化を阻止することはできない。そんなことをしたら大変なことになる。日本の政治指導者が、過去の歴史に対する認識をちゃんと持っていることを示さなければならない。過去は終わったから全部忘れて、未来に行こうとか、そうはならない。それは韓国社会と現在の政治指導部を構成する人的構成をあまりにも知らないから、そんなことが言えるだけだ。韓国のいう未来志向的に経済・文化・人的交流を活発にするという立場だが、そのためには、日本が、過去の歴史に対してちゃんとした認識を持っていることを示さなければならない。河野、村山、菅談話がある。少なくとも、日本の指導者たちは、韓国に対して「私たちは、それらの談話を忘れずに全部継承しています」、そんなメッセージぐらいは送らなければならない。それにより、韓日関係が解けるのだ。

〈質問〉二〇一五年の敗戦（※終戦）七十周年安倍談話は、「戦後世代の若い人たちに謝罪という宿命を続けて背負わせてはならない」としながら、過去の歴史を清算したつもりかもしれない。これを菅総理が継承したように見える。

〈答弁〉そんなように見える。しかし、そんなことでは韓日関係を管理することなどできない。日本の指導者たちが過去の歴史についてちゃんとした認識を持つのは、最低限にしなければならないことだ。日本の総理が、適切なときに、一言（※謝罪）すればいい……〉

●「批准」とは、「羈束《きそく》的同意の表現」

本当に「条約でも、国会で批准してからは国内法のようにその解釈を変えてもいい」のでしょうか。ここでいう解釈というのは、実際に適用され相手国にも影響を及ぼすもの（日本企業に賠償を請求するなど）だと見るべきでしょう。イ元大使は、「国内法と同じ効力を持つ」を「国内法になる」と勘違いしているようです。または、わざとミスリードを誘っているのでしょう。

まず、韓国は日本と違って、条約は法律（国内法）と同じ効力を持ちます。日本の場合は、国際条約は憲法より下、国内法より上として扱われます。これは韓国の憲法六条一項のことで、「憲法により締結及び公布された条約と、一般的に承認された国際法規は、国内法と同じ効力を持つ」。

これは国家ごとに少しずつ違うものだから、別にこの部分がいけないと言うつもりはありません。問題は、たとえ国内法と同じといっても、それが国内法そのものになるわけではないので、「国会が批准したから国内法と同じく、片方の国が解釈や適用範囲を変えてもいい」が成立するはずがない点です。

長く説明するより、分かりやすい例えを一つ挙げてみましょう。

二〇一一年十二月、韓国と米国はＦＴＡ（自由貿易協定）を締結、韓国国会は、与党と野党が激しく対立したものの、韓米ＦＴＡを批准しました。では、「韓国（政府だろうが司法だろうが、韓国という国家そのもの）」は、韓米ＦＴＡの適用を後になって勝手に変えられるのでしょうか。

それは違います。なぜなら、条約は（韓国で）国内法と同一の効力を持ちますが、韓国が国会で「立法」した国内法ではないからです。国会が「同意」しただけです。この点、もう少し詳しく見てみましょう。

「批准」とは、一言で「羈束《きそく》的同意の表現」といえます。すなわち、「それに縛られることに反対しない」という意思表明です。これはウィーン条約でも明記されており、第二条の一・ａにて、〈「条約」とは、国の間において文書の形式で締結され、国際法によって規律される国際的な合意〉となっており、呼び方（名称）など関係ない、ともなっています。

二条一・ｂにて「批准」の定義も書いてあります。〈「批准」「受諾」「承認」及び「加入」とは、それぞれ、そのように呼ばれる国際的な行為をいい、条約に拘束されることについての国の同意は、これらの行為により国際的に確定的なものとされる〉。ここでいう「条約に拘束されることについての国の同意」が、「羈束的同意」です。

すなわち、国会で批准したというのは「この条約に羈束されます」というその国の意志表明であり、それを「批准したから国内法だ」としながら勝手に変えていいというものではありません。そもそも、片方の国家が「うちに不利だから裁判で変えちゃってもいいよね」で条約の解釈や適用基準などを変えることができるなら、国際条約を結ぶ国などどこにもないでしょう。

この話は、「『良心』が『法律』より上位の概念である」「法に勝てるのは情（ジョン、人の連帯意識）しかない」とする韓国社会の考えをよく表していると思います。

●韓国の言う「大原則」は、条約、国際法よりも上位の概念だと強調するため

次に、文在寅大統領も好んで使う、「反人道的なことには条約の範囲を超えて賠償請求できる。それが国際社会の大原則だ」という主張です。よく「被害者中心主義」という言葉で表現されます。

原則と言えばいいのになぜ「大」をつけるのかというと、原則（条約、国際法）よりも上位の概念だと強調するためです。日本の悪さは反人倫的なものだから、基本条約では解決できていない。私たちは、基本条約はそのままにして、その反人倫的な分への追加賠償を請求しているだけだ。それが、この主張のまとめです。

これは盧《ノ》武《ム》鉉《ヒョン》大統領の頃から出てきたもので、慰安婦問題についてもまったく同じ主張をしていました。「国際社会の大原則だ」だから、国際条約（基本条約）を無力化できると、韓国は本気で信じています。もちろん、今私たち人類が生きている世界では、条約より優先する「大」原則を作ることができる組織など、どこにもありません。

この件は、二〇二〇年十一月十七日、ＣＢＳ「ノーカットニュース」の記事から引用します。日本のマスコミが、「文大統領が元徴用工問題にこだわっているのは、元徴用工問題の訴訟代理人だった経験からだ」と書いた記事に対する反論となっています。

〈「訴訟代理人だった経験のせいで、大韓民国大統領であるため、被害者中心主義に立脚しているわけではない。それは、国際社会の大原則だからだ」。去る二月、日本の読売新聞が文在寅大統領が過去の日帝強制徴用訴訟代理人をした経験のせいで「被害者中心主義」を固守していると報道した。すると、文大統領が大統領府関係者を介してこのように反論した。「被害者中心主義」は、個人的信念ではなく、国際社会の大原則であると釘を刺したのだ。

今年初めの新年記者会見でも文大統領は、「日本との強制徴用関連の解法でもっとも重要な部分は、被害者の同意を得ることだ」とし、「被害者の同意なしに、韓日政府がいくら合意しても問題の解決に役立たないということを慰安婦合意のとき非常に切実に経験したことがある」とし「被害者中心主義」の原則を再強調した。

最近、韓日関係の復元のための水面下の動きが続いているなかで、これまで守っていた「被害者中心主義」の原則に反しない適当な仲裁案が浮かばず、政府の苦心が深い。韓国と日本企業の自発的な参加で慰謝料を支給するなどのいくつかの案が議論されているが、文大統領が韓日関係復元のために大原則を破ることはなく、時間がかかるとの見通しも出ている……〉

被害者中心という考えは、もともとは必要なものです。ただ、少なくとも人権問題を気にするような国では、すでに憲法レベルで組み込まれています。韓国の主張は、「法律

（基本条約）」より「感情（反人倫的な犯罪に苦しめられた被害者たちのための主義）」を上位概念としたい、と駄々をこねているだけです。

「立法、または法律の適用において、出来る限り被害者保護を考慮したほうがいい」という認識は重要でありますが、だからといって、それを法律よりも上位概念とする「何か」、文大統領の言う「大原則」にしたりすると、どうなるのでしょうか。

もしそんなものを認める国があるとしても、その国が「被害者中心主義」に強制力、いわば「法的拘束力」を与えるかどうかは、それぞれの国の決定によります。それはその国の主権の問題であり、他国が強要できるものではありません。

他国と結んだ条約を無視し、強制力を持たない「補償」要求ならともかく、拘束力を持つ「賠償（裁判所の判決）」命令になった時点で、今の韓国は明らかに国際法違反状態になります。これまでも韓国社会が日本に対して「補償」を要求することはありましたが、日本政府が「国際法違反」を言わなかったのも、そのためです。国際社会の大原則とやらがどう頑張っても、日本に対する強制力、拘束力を主張することはできません。

●韓国の思惑は、「日本の主権」を韓国が支配すること

国際社会の原則や国家の主権繫がりで、もう一つ紹介したい事案があります。二〇二一年一月八日、韓国の裁判所は、「日本政府」に対し、慰安婦一人に一億ウォン（約一千万円）を賠償せよという判決を下しました。

普通は、「主権免除（国家免除）の原則」というものがあって、国家（政府）が他国の裁判所で被告になることはありません。一九九五年にギリシャの裁判所で、ナチスの虐殺事件のことで、ドイツ政府の主権免除を認めず、賠償判決を下したことがあります。ですが、ギリシャの司法大臣（法務大臣）はこの判決の「執行」に必要な手続きに応じず、仕方なくギリシャの人たちはドイツの裁判所で賠償を求める訴訟を起こしたものの、すべて却下されました。似たような流れでイタリアでもドイツに賠償を命じる裁判結果があり、この件は国際司法裁判所まで行くことになりました。二〇一二年、国際司法裁判所はドイツの主権免除を認め、イタリアの負けとなりました。

このような事例があったにも関わらず、韓国の裁判所はまたもや主権免除の原則を破り

ました。早くも韓国では韓国内日本政府資産、大使館や文化院などの差し押さえが噂されています。本当に差し押さえや売却などの手続きに入るなら、それは外交関係の断絶があってもおかしくない事案となります。この件は、ギリシャのように有耶無耶《うやむや》になる（相手国に実害が発生しない）可能性もあるので、今の段階では何とも言えません。ただ、やはり韓国が望んでいるのは、「日本の主権」を韓国が支配することにあるのではないか、そう思えて仕方がありません。

●日本が「コムス（卑怯で、ズルガシコイ）」を仕掛けてきた

過去の条約ではなく「これから」の話をしますと……「国内」で被害者中心を大事にする判例を出したり、法律を作ったりした国と何かの条約を結ぶときには、それを「その国の特徴」として考慮する必要があるでしょう。例えば、イスラム教国と何か条約を結ぶときには、その教理に気をつける必要があります。それと同じです。

しかし、韓国の場合、その「国内」でも、自分で言っている「国際社会の大原則」を守っていません。今、地球上でもっとも「人権弁護士出身大統領」として声を上げるべき相

手、北朝鮮に対しても、ただ頭を下げているだけです。韓国の「国際社会の大原則」は、なぜかいつも日本だけに向けられます。それもそのはず、日本の「国際法違反」主張を、ただ逆にしただけのもの、それが韓国の言う「国際社会の大原則」ですから。

韓国には、「コムス（コンス、꼼수）」という新造語があります。卑怯でズルガシコイ攻め方を意味します。韓国はネット用語や俗語をマスコミやビジネス関連のメールなどでも平気で使う風潮があり、このコムスも、「（日韓の懸案において日本が韓国と違う意見を出すと）日本がまた自国にだけ有利になるように、コムスをしかけてきた」などの使い方で、韓国側のマスコミによく出てきます。福島処理水の放流などにおいても、日本側はきちんと科学的な資料を出したにもかかわらず、韓国では「コムス」とされます。結論が韓国と違うから、ただ見下す意味でそう呼ぶのです。

ですが、文政府において「反人道的な日本の犯罪」を象徴するフレーズとなっている「被害者中心主義」にて、韓国側はコムスを動員しています。こちらは「本物」のコムスです。

日本でも大きく報道されましたが、二〇二〇年十一月から十二月、韓国のＣＩＡのような機関となる国家情報院（旧・安企部）のパク・チウォン院長と、韓日議員連盟のキム・

ジンピョ議員及び議員団が相次いで日本を訪問しました。今さらですが、議員団はともかく、情報機関の国情院長がなぜ日本に来て元徴用工問題を話したのか、違和感が半端ありません。単に自民党の二階俊博氏と仲がいいだけの理由でパク院長が選ばれたと噂されています。

しかし、そんな相次ぐ「ラブコール」にも、日本側は動かず、「韓国が起こした問題だから、韓国側が解決策を用意し、国際法違反状態を是正しないといけない」という立場を強固に守りました。少なくとも現時点までは、個人的にも心強い限りです。

時系列的には少しあとになりますが、二〇二〇年十二月九日、韓国が賠償を命じた日本企業の一つ、日本製鉄も、韓国KBSとの通話で、「強制徴用問題は、一九六五年の韓日請求権協定で完全かつ最終的に解決されたものと理解する」とし、「日韓政府間の外交交渉の状況を見守りながら適切に対応する」という立場を明らかにしました（同日／KBSニュース）。こうした一貫した姿を見せるのは、本当に大事なことです。

●文在寅政権が関係改善にピッチを上げてきた理由

それから韓国はさらにラブ度（?）を上げました。十一月十四日、オンライン会議で開催されたASEANプラス3（東南アジア諸国連合プラス日中韓）首脳会議」にて、文大統領は冒頭発言で「尊敬する議長、各国の首脳の皆様、特に日本の菅総理様（※韓国では様を付けます）、お会いできて嬉しいです」とあいさつをしました。そして、「知日派」とされる姜昌一《カンチャンイル》前与党議員を駐日韓国大使に内定、与党の院内代表キム・テニヨン氏が「カン氏の大使内定は、関係改善のための外交的サインである」と公言しました（二〇二〇年十一月二十四日）。

ですが、各国首脳が集まった会議で、特別な理由もなく特定国家の首脳だけに挨拶をするのは、礼儀として褒められるものではありません。むしろ日本（菅総理）のほうが、気まずくなります。それに、カン氏が北方領土を訪問してロシアの領有権を支持したこと、天皇陛下が慰安婦に謝罪すればいいというムン・ヒサン前国会議長の発言を擁護したことなどが明らかになりました。

いろいろと、思いっきり逆効果となりました。韓国内でも、「反日を扇動して支持率を上げて総選挙で勝利したのに、なんで急に親日になった」と、相応の拒否反応がありました。文政府は菅総理の訪韓及び日中韓首脳会議参加を積極的に要請していたのに対し、いつもなら文政府と足並みをそろえるはずの反日系市民団体も、菅総理の訪韓に反対するというデモを行ったりしました。

日韓秘密軍事情報保護協約（GSOMIA）、元徴用工問題、日本企業の資産売却（現金化）などを人質のように使い、「韓国が手を差し伸べてやれば、困っている日本はすぐ応じるだろう」と勘違いしていた韓国政府及び与党側は、首脳会談はおろか微動もしない日本のスタンスに、大いに動揺しました。

その結果、韓国政府はいわゆる元徴用工問題において、「被害者中心主義」という言葉を使わず、「被害者中心接近（アプローチ）」という用語を使うように、方針を変更しつつあります。主義は何かの原則のイメージがあるけど、「接近」は被害者側を気にかけるけど柔軟性を持つということで、「主義じゃないから、原則でもない」というのです。追い込まれて「折れかかった」韓国政府が、コムスをしかけているわけです。もはや笑止千万。「国際大原則」が聞いて呆れます。以下、『文化日報』二〇二〇年十二月三日、「『被害者中心主義』が『被害者中心接近』へ……強制徴用解決の原則まで変わるのか」という記事からの部分引用です。

〈……パク・チウォン国家情報院長、姜昌一駐日韓国大使内定者などが取り上げた韓国政府の代理弁済方式が賠償問題のもっとも現実的な解決策であるが、この場合、日本軍慰安婦合意を破棄した際に掲げた「被害者中心主義の原則」に反しているという、原則を自ら破るのではないかとの批判を意識し、「用語」の変更に乗り出すのではないかという分析が出ている。

韓日関係に精通した外交消息筋によると、「最近、与党側を中心に、被害者中心主義という表現は控え、被害者中心接近という表現を使う、という話が出ている」「被害者中心主義は、逆らえない原則的な概念であるが、被害者中心接近は、それよりは柔軟性を前提とした概念、という論理だ」と伝えた。

この消息筋は「被害者中心主義の原則で強制徴用賠償問題を解決しようとすると、明快に答えが出ない」と付け加えた。二〇一七年十二月、政府は、被害者中心主義の原則を無視したまま行われたという理由で、二〇一五年韓日が締結した日本軍慰安婦合意（※日韓合意）を全面的に覆している。外交部の関係者は、「内部的に、二つの表現を両方使っている」とし「いずれの表現は控えてくれとか、そんな指示は受けていない」と説明した……〉

そもそも、弁済案を「もっとも現実的」としている時点でアウトではないでしょうか。日本側は一切の関わりなく、韓国政府が賠償すること（最高裁判決が基本条約に違反したことを、韓国政府レベルで認めることになります）を「弁済」と呼ぶならともかく。

ちなみに、引用部分にはありませんが記事の最後、「最近韓国政府が関係改善にピッチを上げているが、韓国のそのような態度に、むしろ日本側は思わしくない雰囲気になっている」となっています。確かに、信用できない相手からいろいろ話しかけられたところで、気まずいだけでしょう。現実的といえば、この指摘のほうがよっぽど現実的です。

そこからまた、少しだけ時間が経って、極めて一部からではありますが、韓国内部からも、この「被害者中心主義」は単なる逃げではないのか、「外交」でダメだから、「感情」に逃げているのではないか、そんな指摘も出るようになりました。ただ、まだまだ本当にひと握りの意見にすぎません。以下の記事、先に書いた「外交と三権分立の関係」と関連してお読みください。

●「お金だけ強調している文在寅政府」

記事の趣旨は「日本の謝罪が必要なのに、賠償だけになった時点ですでに間違っている」という話です。韓国としてはいつもの論調です。ただ、記事はそのために文在寅政府のやり方を批判しており、なんと「司法判断は外交にはならない」とボロを出しています。

〈……（※タイトル）「お金だけ強調している文在寅政府」：強制動員問題の最高裁判決において文在寅大統領は「司法の判決を尊重し、被害者中心の解決策を見出《みいだ》す」と語った。大統領の「司法判決を尊重」意志は、請求権問題の解決において新たな基準になった。「外交」ではなく「韓国司法」の決定が中心にあるのだ。問題は、国際社会で、国内の判決が正当化されるのかという点だ。つまり、日本を韓国の裁判所判決に従わせる方法が必要である。しかし、政府はまだそれについて明確な解決策が出せずにいる。

司法判決を前提にするから、「被害者中心の解決策」もすべてお金の話ばかりだ。駐日本大使に内定された姜昌一前議員は、日本企業の資産の強制売却を停止する方法から言い出した。彼は「韓国政府が被害者から債権を取得して現金化を避ける方策」や、一九六五年の韓日請求権協定で利益を得た韓国企業を中心に賠償してから求償権を取得する「代理弁済」を言った。

日本のメディアから「韓国政府が『日本企業が賠償する全額保全する』と提案した」という内容も流れた。これに対して、大統領府の関係者は、「事実かどうか確認することができない」と述べた。判決の焦点が賠償だから、解決策に「謝罪」はなく、「お金」だけが残った。

パク・ジョンジン日本津田塾教授は、「法の執行の対象が外国の民間企業であるという点で、これは本質的に外交問題である」とし、「司法は外交を行うことができないので、政府は、国家間の紛争解決のための現実的な対応をしなければならない」と述べた。また、「韓国政府の『被害者中心主義』は、国内的に見れば感動的ではあるが、外交的には、虚しい言葉でしかない」とし、「日本の歴史認識を変えるためには、司法の原則よりも、長期的で複合的な戦略が必要だ」と述べた。結局、最高裁判決を優先させるアプローチ方法では、強制動員問題を解決するのは容易ではないのだ……〉

（二〇二〇年十二月十二日／『京郷新聞』）

引用部分の真んなか、謝罪がどうとか、そんな部分さえなければ、もっといい主張になったかもしれません。でも、「長期的で複合的」って何のことでしょうか。最近韓国側の記事で似たような表現をよく目にしますが、具体的に書いてあるものは一つもありません。

●請求権資金で、ＧＤＰが三十一億ドルから二百十七億ドルに

少なくとも拙著を書いている時点では、ここまでが、いわゆる元徴用工問題においての最新動向となります。

最後に、韓国が日本から受け取った請求権資金をどのように使ったのか、一九七五年十二月十七日の『毎日経済』紙の記事から引用し、次の章に進みたいと思います。

〈（※タイトル）「対日請求権協定、終結」：韓日国交正常化とともに、一九六五年十二月十八日付けで発効した「韓国と日本国間の財産及び請求権に関する協定」が、十年ぶりの

（※一九七五年十二月）十七日をもって満了し、対日請求権による資本導入も完了した。十七日よって、駐日請求権及び経済協力使節団も解団、購買業務を終えることとなった。経済企画院によると、今までの十年間対日請求権協定による資本協力は無償三億ドル、有償二億ドルなどで、我が国はこの資金を二次、三次経済開発計画期間、社会間接資本拡充、基幹産業建設財源として使った。

これからの韓日間の経済協力は、請求権協定が満了したことで、政府ベースから民間主導型に移行することとなる。十五日から台北で開催されている韓中経済閣僚会談（※「中」は台湾のことです）に参席しているナム・トクゥ経済企画院長が帰路に訪日し、日本政界指導者たちと会って新しい次元での経済協力法案を模索することとなる。

有償・無償資金五億ドルはこれまで五十七の事業で使用され、執行実績を見てみると、鉱工業部門で浦項製鉄、中小企業育成、原資材導入など六つの事業で五十六・一％の二億八千万ドル、社会間接資本及びサービス部門では昭陽江《ソヤンガン》多目的ダム建設、京釜《キョンブ》（ソウル〜釜山）高速道路など二十八の事業に二十一・四％となる一億七百十五万ドル、農林水産分野で機械化・農業用水開発など二十三の事業に十三・三％となる六千六百七十万ドルをそれぞれ使用した。

一方、請求権資金使用協定締結後の十年間、韓日間の経済協力関係は大きく拡大し、外資導入金が二十三億ドル、技術導入が三百六十件、輸出額が一九六五年の四千四百万ドルから一九七四年には十三億八千万ドル、輸入額が一億六千七百万ドルから二十六億二千百万ドルに、それぞれ拡大された……〉

韓国のＧＤＰ（国民総生産）は、三十一億ドル（一九六五年）から二百十七億ドル（一九七五年）に大きく成長しました。

第五章　「文化的制裁」という名の社会的監視体制

●『反日種族主義』著者陣を狙い撃ち

最近、「親日清算」という大義名分のもと、「親日」という言葉の範囲もずいぶんと広くなりました。今までは普通に「うちの地域の偉い人」扱いだった大勢の人たちが、親日派だ、反民族行為者だとされ、その墓には「親日派の墓です」という、いわゆる断罪文（その人の親日たる罪を刻んでおく碑文）を設置することが増えました。親日だった画家が描いた肖像画が使われているという理由で貨幣を作り直すことが決まり、親日だった人が作曲したという理由で、国歌も別のものを検討しています。

後でまた論ずることになりますが、韓国では「併合時代に日本に協力的だった人の子孫は、親日だった親や先祖の考えを『罪』とし、反省しながら生きる必要がある」という、子が親の生き方に理解を示すことすら、「罪」とされるようになりました。

ここでいう「罪」を決める基準は何なのか。それを、韓国では「文化」だとします。法律や資料などではなく、良心、常識、正義などに基づいた「その時代の不文律」のことです。これだから、「文献考証」とは相性が悪いわけです。

こうした流れが、今ではどのような形で現れているのか。最近のことなので「全然古くない」記事ですが、いくつか引用してみます。

二〇二〇年八月十二日、韓国ソウル市議会で、ある条例改正案が発議されました（後述する委員会設立の問題でいったん撤回され、十月に再発議、現在審議中ですが、関連委員会まで公式に設置されており、否決される可能性は低いと思われます）。

親日・反民族行為の残滓《ざんし》を見つけ出して排除していくというもので、最近韓国の各自治体では珍しくない趣旨のものです。ですが、このソウル市議会の条例改正案には、個人的に「ああ、ついに来たか」と思う内容が含まれていました。「公的機関が主催する討論会などに、親日な意見を出してきた人たち（併合時代に関して日本側の主張を支持する人たち）の参加を制限する」というのです。

今の韓国の状況からして、親日とされる人たちのほとんどは、文献考証、言い換えれば実証主義的なアプローチを試みています。この改正案は、彼らを公的機関が主催する討論会から排除することになるでしょう。

韓国内にも、併合時代に対する再評価が必要だと主張する学者たちはいます。少数ではありますが、ゼロではありません。日本でも出版された『反日種族主義』（文藝春秋）の著者たちが、その代表格だといえましょう。圧倒的劣勢を克服するための彼らの最大の武器は、データであり、文献であり、その考証であります。それを排除する、というのです。

個人的に、これは『反日種族主義』著者陣を狙い撃ちしたものではないか、と私は思っています。以下、ソウル市のローカルメディア「ソウル文化トゥデイ」の二〇二〇年八月十四日記事から部分引用してみます。

〈ソウル市議会ホン・ソンリョン議員（共に民主党）が、光復節（※グァンボクジョル、日本でいう終戦記念日）七十五周年を控えた八月十二日、「ソウル特別市議会親日反民族行為清算特別委員会の構成決議案」と「ソウル特別市親日反民族行為清算支援に関する条例案」及び「ソウル特別教育委員会親日反民族行為清算支援に関する条例案」を発議した……。

……「最近、強制徴用関連最高裁判決などにおいて、国内の一部で、日本の植民地支配と歴史歪曲に同調し、強制徴用と慰安婦被害者を蔑視する行動が見られており、これは「三・一運動（※一九一九年に起きた大規模抗日デモ）で建立された大韓民国臨時政府の法統を継承した大韓民国」の自主独立を公表した大韓民国憲法に違反する重大な犯罪行為だ」と指摘した。それとともに、「親日反民族行為と日帝残滓清算に時効などなく、これ以上これらの犯罪行為を黙認してはならない」とし、「社会のあちこちに深く根を下ろしている親日反民族行為と日帝残滓を完全に暴いて完全に清算して、民族精気を立て直し親日反民族行為清算特別委員会の構成決議案を発議した」と提案の理由を説明した……。

……条例案には、親日反民族行為と関連した実態調査、市と教育庁主催の公聴会、討論会などに日本植民地時代の歴史的真実を歪曲したり、日本帝国主義を美化・賛美する行為者の参加の制限、関連省庁・機関との協力体系構築などの内容が盛り込まれた〉

●「過去」の親日清算と、「現在」の親日行為を同罪とする

そもそも、自治体の議会が、実証主義に基づいた研究を「犯罪だ」としている時点で尋常ではありません。その直後の九月八日には、ソウル市教育庁の「日本帝国主義象徴の使用制限に関する条例」がソウル市議会教育委員会で可決されました。こちらは、文献考証を排除するのではなく、象徴となりうるものをすべて禁止するという内容です。

〈……「日本帝国主義の象徴」とは旭日旗《きょくじつき》など日本帝国主義を象徴する軍事旗、造形物又はこれを連想させる目的のその他の象徴物である。条例が施行されれば、ソウル市教育庁本庁・直属機関・教育支援庁・教育監（※韓国自治体の教育行政の長）所管の各学校などで、このような日本の帝国主義の象徴の使用が制限される。教育監は、条例に基づいて、日本帝国主義象徴の使用状況などの実態調査を実施し、使用を止揚する雰囲気が造成されるように、構成員たちに必要な教育を実施しなければならない〉

（二〇二〇年九月八日／CBS「ノーカットニュース」）

この案で注目すべきは、「教育監が、監視しないといけない」と明記されている点です。加えて、各自治体では公共図書館から『反日種族主義』など親日とされる書籍を排除する動きが強くなっています。学校側としては「象徴物ではない」と分かっていても、図書館にそんな本を置いておく理由はなくなるでしょう。

そして、またその直後の九月十六日、ソウル市では「親日反民族行為清算特別委員会」という組織が公式に活動を開始しました。委員長は、「被害者の名誉を傷つけるなら、歴史研究・解釈も許さない」「親日行為とは日帝強占期に行ったことだけではない。今も進行中だ」と明らかにしています。

簡単に言うと、親日とされるなら、併合時代を生きた人だけでなく、今の研究者、学者だとしても、容赦なく潰すという意味です。

これもまた、個人的に「あ、ついにこれを言い出したか」と思いました。歴史の問題として「過去」の親日行為を清算することと、今現在の親日行為を同罪として結びつける趣旨だったからです。以下、同日の『ソウル新聞』の記事から部分引用してみます。

〈……ホン委員長(※特別委員会のホン・ソンヨル委員長)は「大韓民国は憲法前文に『三・一運動で建立された臨時政府の法統を継承する』と宣言しているが、光復(※終戦)直後に構成された反民特別委が崩壊、親日勢力清算が未完に終わって、その親日勢力が大韓民国の主導権を掌握する事態になってしまった。よって、日本から解放されてから七十五年が過ぎた現在も、私たちの社会のあちこちに親日反民族行為と日帝残滓が蔓延《まんえん》している残念な現実が続いている」と述べた。続いてホン委員長は「日本は日帝強占期に行った反人倫的犯罪行為に対する謝罪と賠償どころか、歴史を歪曲するなど侵奪行為を続けている」とし、「それは最近、国内の一部で日本の植民地支配と歴史歪曲に同調して強制徴用と慰安婦被害者を蔑視したり侮辱する行動まで現れている。これは、単純な歴史解釈や学術活動の問題ではなく、独立有功者とその遺族の名誉を毀損して強制徴用被害者、日本軍慰安婦などの戦争犯罪被害者の人権と尊厳を侵害する重大な犯罪行為」と指摘した。

ホン委員長は「このように親日反民族行為は、単に日帝強占期にのみ行われたものではなく、現在進行形である」とし、「親日反民族行為と日帝残滓清算に時効などあるはずもなく、私たちは、もうこれ以上、彼らの犯罪行為を黙認してはならない」と強調した。

ホン委員長は「今回設立した反民特委は、条例制定、公聴会・討論会の開催などを通じ、私たちの社会のあちこちに深く根を下ろしている親日反民族行為と日本式地名や名称、行政用語、無意識のなかで使っている日本語、日本を象徴する造形物など日帝残滓を完全に暴いて完全に清算して民族の精気を正すための様々な方法を模索することになるだろう」と活動の方向を明らかにした。それとともにホン委員長は「ソウル市議会の反民特委活動が全国的に波及し、最終的には、国会レベルの特別委員会の構成と関連法案の入案に繋《つな》がることを期待している」と伝えた〉

これで、流れが一段落しました。もうソウル市では、法令（条例）を作ったり改正したりする際に、親日な意見を排除できます。「条例制定、公聴会・討論会の開催などを通じ～」と言っていますが、実はその公聴会や討論会に親日な意見を出す人は参加できないからです。

このように、反日という名の「文化」に反抗する勢力を、一つ一つ潰していくこと。それは、戦後、「文献考証なんかするな。それは悪いことだ」という方針のもとに流されてきた韓国の史学、史観をそのまま表しています。

第一章で引用した金哲埈教授の「新しい民族史観の定立が急がれる」との記事は、前にも拙著で紹介したことがありますが、二〇二〇年ほど、彼の主張が具現化されたことはないでしょう。これからも韓国では、文献考証を排除してしまえば、「文化」という曖昧《あいまい》な名のもとにすべてがうまくいくという愚かな考えのもと、教育方針が進んでいくでしょう。その教育を受けた人たちが大人になって、教授になって、教師になって、国会議員になって、子供たちに同じことを教えます。

それが、一九七五年の「新しい民族史観の定立が急がれる」という記事と、二〇二〇年のソウル市議会の記事を繋げています。教育とは、真に恐ろしいものですね。

●「一九世紀ペリー来航記録も『日本海』……韓国主張に矛盾」

本件では最後になりますが、ここで一つ、では、韓国は文献考証を全くしないのでしょうか。違います。日本を責めるためのものなら、たとえ価値のない資料一点でも、対内的にも対外的にも、本当に大騒ぎします。

二〇二〇年十月、ある中学生が、古い記事を見つけて、それを大統領府に寄贈したことで、文在寅《ムンジェイン》大統領自らその少年を讃《たた》えました。韓国各紙が、大きく報道しました。

これもまた最近の記事ではありますが、同年十月二十三日の「聯合ニュース」の記事から一例を紹介します。大統領自ら「日本が歴史歪曲している」とストレートに書いている点にも、注目してください。

〈韓国の文在寅大統領は二十三日、自身のSNSで、中学生が大統領府に十八世紀の世界地図などを寄贈したことを伝えたうえで、「東海を『日本海』と表記することが正しいと主張する日本側は、歴史を歪曲していると確認できる貴重な資料である」と謝意を示した。

地図を寄贈したのは中学三年生のチョ・ミンギくん。今年六月、英国で十八世紀に制作された世界地図と、朝鮮王朝との交流の歴史が記された日本の古書籍『豊公遺宝図略　下巻』の二点を、青瓦台《チョンワンデ》（※韓国大統領府）に寄贈した。世界地図には東海が「Sea of Korea」と表記されている。

チョさんは文大統領に送った手紙で、「父が古い地図を入手しましたが、一七〇〇年代に英国でつくられたものだと聞きました」とし、「日本が二度とデタラメなことを主張できなくするための資料になればと願います」と綴った……〉

この件は韓国内で結構な騒ぎになって、日本側の一部の韓国関連ブログ（韓国関連と言ってもいろいろありますが）でも紹介されました。ですが、記事本文にもありますが、「東海」とはどこにも書いてありません。朝鮮海（Sea of Korea）は日本外務省もすでに把握している名称で、外務省のホームページの「トップページ〉国・地域〉アジア〉日本海呼称問題」の「五．世界各国の古地図調査」という項目にて、「『日本海』が国際的に確立した唯一の名称であることは、外務省が行った世界各国の古地図調査でも明らかです」としながら、以下のように説明しています。

〈外務省の調査の結果、一八世紀までの欧米の地図では、日本海のほか、「朝鮮海（Sea of Korea）」、「東洋海（Oriental Sea）」、「中国海（Sea of China）」等、様々な名称が使用されていましたが、一九世紀初頭以降、日本海の名称が他を圧倒して使われるようになった事実が確認されています〉

ちなみに、二〇二〇年七月二十日の『産経新聞』は、「一九世紀ペリー来航記録も『日本海』……韓国主張に矛盾」というタイトルの記事で、〈日本海の国際呼称をめぐり韓国が「東海」への改称や併記を求めている問題に関連し、江戸時代末期にあたる一八五〇年代に刊行された英国と米国の公的な海図が、日本海の呼称を使っていたことがわかった〉としながら、「日本海の呼称が普及したのは日本の植民地支配の結果とする韓国側主張の矛盾を突く資料の一つになるとみられている」とする島根大学の舩杉力修《ふなすぎりきのぶ》歴史地理学准教授の説明を紹介しています。

一八五〇年に「公的」な海図で日本海名称が使われたとなると、これも外務省の説明と一致する内容です。

日本に有利な資料は「排泄物」で、韓国に有利な資料、しかも本当に有利なのかどうかも微妙な資料は、大統領自ら大騒ぎ。遠い未来、このダブルスタンダードを「文化」という史観で語ってくれる人たちがいるかどうかは分かりません。ただ、どちらかといえば、文化というより「呪詛」ではないでしょうか。

●なぜ韓国社会は「親日清算」にこだわるのか

韓国でいう「親日」というものは、典型的なレッテル貼りです。人、または有形無形のモノが、単に親日という理由だけで潰されています。実際は親日でもなんでもなく、ただ併合時代に作られたもの、または併合時代に日本に協力的な姿勢を示した人、政治的にだけでなく、文化的な側面まで含めてすべて、親日とされてしまいます。

その人やモノが、本当に親日なのかどうかは二の次です。なぜそんなものが必要なのか。「悪いもの」を設定しないと、「良いもの」が設定できないからです。親日かどうかはともかく、「親日ということ」にして、それを精算しよう、この世から消してしまおう、そう主張する人が善良な人だ。そのためのものです。

そう、そういう意味では、「反日」と「親日清算」はほぼ同じ意味だと見てもいいでしょう。

反日を掲げると日本との関係に負担が生じるから、「国内での親日清算」という名に変えているだけのことです。この流れに逆らう人は、韓国では社会的な地位を維持することが出来ません。

戦後、韓国が国家政策として戦前の政治家や、朝鮮総督府と親しかった高位公職者などを処罰したことは、今の韓国社会で使われている「親日清算」とは違うものだと、私は思っています。なぜなら、親日は、国や政府の存立に害を及ぼすものではないからです。

韓国内では「韓国は北朝鮮に比べて戦後の親日清算、親日派処罰が出来ていない」という意見が主流となっていますが、実は戦後韓国の李承晩《イスンマン》政府も、親日派および朝鮮半島に残っていた日本文化の抹殺にかなり力を入れました。

私は、韓国はそもそも日本と戦争なんかしていないし、日本のおかげで近代化できたことがあまりにも明らかだから、そんな親日清算などは必要なかった、やるべきではなかった、と思っています。

しかし、当時の李承晩政府にとって、既存の親日派たちがとても危険な人物だったのは事実でしょう。言い換えれば、李承晩政府としては、新しい政府の敵になりうる人たちを潰しまくった、とも言えるでしょう。まるで、王朝が変われば、前の王朝を皆殺しにした、前近代的な国家運用のように。

しかし、今の韓国で「親日」な人または文化により、韓国が政府レベルで危険を感じるようなことはありません。もはや、すべてが過去の領域です。にもかかわらず、なぜ韓国社会は親日清算にこだわっているのでしょうか。

●究極的な目標は「子が親を制裁すること」

まず、韓国が目指す親日清算の究極的な目標ですが、私は、それを「子が親を制裁すること」だと定義しています。ややこしいのは、その「子」には韓国の若い世代だけでなく、日本の若い世代も含まれていることです。先祖（世代によっては「親」）が親日だった場合、子は親を否定すべきだ。結果、後述しますが、絶対的な「文化的制裁」となって、親日を完全に駆逐する。それが、韓国の親日清算です。

日本人の場合は、単に日本人だという理由だけで、先祖・親のことを否定しなければならない。それが、韓国の親日清算の究極的な目標であります。

「韓国社会で親日清算をしようがしまいが韓国の問題なのに、なぜそこに日本人の話が出てくるのか」。読者の方々は、さぞ不思議で、また不愉快でおられましょう。以下、あえて極端な私見ではありますが、率直に述べてみます。

まず、ここでちょっと間をおいて、ある人の主張を引用してみます。韓国の左派勢力には、詳しくは「政治家」ではないけれど、同様の影響力を行使する人たちがいます。独島《ドクト》（竹島のこと）領有権、慰安婦問題など数々の事案で反日スタンスを示している保坂祐二氏。文在寅氏が大統領候補だった頃、日本担当外交諮問役でもありました。「南北平和の最大の邪魔は国連軍司令部」「平和宣言さえ出来れば米軍が駐屯する正当性はなくなる」など、特に反米発言が目立つ大統領外交統一安保特別補佐官、文正仁《ムンジョンイン》氏。「金正恩《キムジョンウン》は啓蒙君主だ」と公言するほど親北な姿勢を隠そうとしない、盧武鉉《ノムヒョン》財団の理事長ユ・シミン氏。北朝鮮にあった南北連絡事務所が、北朝鮮によって一方的に爆破されたときにすら、「隣のビルのガラスを直して新しい南北連絡事務所にすればいいじゃないか」と発言した、大統領府諮問機関の首席副議長チョン・セヒョン氏。

信じられないことに、こんな「トンデモ発言製造機」な方々が、韓国では政治家または市民団体との癒着を介し、無視できない影響力を行使しています。これだけでも錚々《そうそう》たるメンバーですが、そのなかでも特に目立ち、また社会的にも段違いの影響力を持っているのが、「光復会」の会長、キム・ウォンウン氏です。

　韓国の独立有功者およびその遺族の会である「光復会」の会長として、左派からするとかなりの重鎮です。私のブログでも、拙著『「反日」異常事態』（扶桑社新書）でも紹介しましたが、国会議員だった頃に、横田めぐみさんのお父さんに「日本に連れて行かれた無数の朝鮮人めぐみを忘れるな」と手紙を送った人でもあります。この人、二〇二〇年四月の選挙で与党「共に民主党」が大勝してからは、特に動きが活発になり、最近は様々な反日または親日清算案件において、影響力と知名度をともに上げつつあります。

　このキム会長は、「親の罪は子の罪」、すなわち「親や先祖の親日を、子孫は絶対に庇護してはならない」を持論としています。すると、自然と浮かび上がる疑問があります。「それは連座制ではないのか?」。言うまでもなく連座制です。

　しかし、キム会長は平気な顔でこう反論します。「連座制ではない。連座制という法律は、韓国には存在しない。しかし、私たちには法律以外に、義務がある。親の罪で子を処罰すべきだと言っているのではない。ただ、子はその親の罪を認め、決して親に同調しない義務がある。例えば朴槿恵《パククネ》前大統領は、朴正熙《パクチョンヒ》の親日を擁護してはいけない（「時事今日、時事ON」というネットメディアの「キム・ウォンウン『北朝鮮の三代世襲は、親日派である李承晩・朴正熙のせいだ』」という記事から簡略にまとめました）。

ちなみに、これは韓国が日本に対して要求している「謝罪」とも繋がる内容です。韓国は、日本人が親や先祖の行いを完全に否定することを願っていますから。しかし、この理屈だと、「金正恩は金日成《キムイルソン》や金正日《キムジョンイル》の間違いを庇護してはいけない」になりますが、案の定、そんな主張は聞いたことがありません。

●「親日派美化は、子孫たちによる歴史クーデターだ」

このような考えを示しているのは、キム会長だけではありません。今でも韓国で「親日派」を決める一つのガイドラインとなっている「親日人名事典」という資料の作成を主導した「民族問題研究所」教育広報室長パク・ハンヨン氏については、「オーマイニュース」二〇一五年八月十五日の「親日派美化は、子孫たちによる歴史クーデターだ」という記事から、該当部分を引用してみます。

〈……もちろん、（※親日をした人の）子孫がその責任を負う理由はありません。しかし、道義的責任はあります。親日をした当事者が贖罪《しょくざい》しなかったことを、子孫が贖罪することで、韓国の社会・歴史の正義に基づいた「一つの道徳倫理」たる意識を確立し、参加することができます。その場合の子孫の反省は、韓国社会の葛藤と分裂を克服し、もっと良い社会になるきっかけになるでしょう。

しかし、残念ながら、ほとんどの親日派の子孫は、二つのことをしました。一つは、（※親や先祖が）親日派とされたことを、悔しいとし、訴訟を起こし、さらには「親日だからってなぜ罪だと言われなければならないのか」と主張する、モラルハザードを起こしました。親日清算問題は親日をした当事者より、子孫の態度がもっと衝撃的です。

二つは、一部の守旧派学者、狂信的な反共キリスト教（※韓国キリスト新教は比較的反共寄りです）、特に現在の権力の場合は、親日清算に反発し歴史歪曲と教科書歪曲で対応しています。私たちがよく知っている、二〇〇八年ニューライト（※『反日種族主義』著者陣など、韓国では比較的柔軟なスタンスを見せている学派のことです）の代案教科書や、二〇一三年教学社の韓国史教科書には、親日派が美化されています。これは、親日派とその子孫たちによる歴史クーデターにほかなりません。そのような点から見て、今は、親日清算の対象者がむしろ私たちの歴史を再びひっくり返そうとする反動の時代であります。また日帝に戻ろうとする雰囲気です。……

・（※記者の質問：）最近、ホン・ヨンピョ「新しい政治民主連合」議員は、祖父の親日行跡を謝罪しましたが、そういうことについては？

「私たちは、親日派の子孫に連座制を適用しようとしているわけではありません。しかし、反省する人としない人には差があるのです。例えば、ホン議員の場合は、祖父の親日行跡を知って、間違ったことだと認めた。本人の行為ではないが、公人なら、公共と関連した歴史意識が重要なのです。

一つの共同体が日帝によって苦痛を受けたなら、その共同体に苦痛を与えた加害者の側に自分の祖先がいたなら、それは個人史の問題を超えたものです。特に政治家の場合、それを認め、それを彼らの歴史認識として対応します。野党側（※この記事の時点では、左派勢力が野党でした）は、みんな認めています。

しかし、与党で、代表的に朴槿恵大統領とキム・ムソン代表は、父親の親日を反省しなかった。大統領は、憲法を守護しなければならない人です。なのに、与党側は反省していない人には寛容であり、反省する人を非難する、異常行動を見せています」……〉

キム・ウォンウン氏とパク・ハンヨン氏の主張には、二つの共通点があります。まず、「親（先祖）のことに子が責任を持つべきだ。しかし、私たちがやろうとしていることは決して連座制ではない」としている点。そして、「子が親のことで反省・謝罪しないといけないのは、連座制ではなく、世のなかには絶対的な道徳倫理があるからだ」と宗教じみたことを強調している点です。

●「法律を超える絶対的な基準」に拘束される韓国

以下、私のブログでも「大ヒット」した内容ですが、二〇二〇年八月、韓国の与党議員が「法なんか怖い。人と社会を制御するのは良心と常識だ」と主張する奇異な場面がありました。立法する立場にいる人が、しかも前科五犯の人が言うことでしょうか、これが。

この頃、文政府から目の敵《かたき》にされていたユン・ソクヨル検察総長が、新任検事申告式の演説で、「憲法の基本的価値観である自由民主主義は、民主主義という仮面をかぶった独裁と全体主義を排撃する、本当の民主主義のことを指す」「自由民主主義は法の支配によって実現される。一度制定された法律は、誰にでも公平に適用されて執行されなければならない」と話しました。検察総長としては問題ない演説だと思われます。

しかし、これが「現政府への批判だ」とされ、結構大きな騒ぎとなりました。ちなみに、演説に現政府や文大統領のことは出てきません。そこで、与党である「共に民主党」のシン・ジョンフン議員が、フェイスブックに反論を投稿しました。ここからは二〇二〇年八月四日、『朝鮮日報』の記事から引用してみます。

〈……共に民主党シン・ジョンフン議員は四日、ユン・ソクヨル検察総長が前日新任検事申告式の演説で、「自由民主主義は、法の支配を介して行われた」とした部分について、「大胆な発想」「非常に衝撃的」「とても残念である」と述べた。一部では「法治主義を否定する発言が与党議員の口から出てきたほうが衝撃的だ」という反応も出ている。シン議員はこの日、フェイスブックに「自由民主主義こそ本当の民主主義という（ユン総長の）主張が正しい表現であるかどうかは別にして」「その果敢な発想は非常に衝撃的だった」

とした。それと共に、「民主主義社会で個人を支配するのは、ただ良心であり、社会を支配するのは常識だ」と主張した。シン議員はまた、「法はただ、その良心と常識の境界を定めるための道具にすぎない」「このような理由から、法律家ではなく、一般人の立場から『法の支配』などという恐ろしい言葉は、とても危険だと思える」とした……〉

法律というのは「法律の前で平等な権利を持つ二人が、それぞれ違う意見で衝突したとき」、それを制御するためにあります。一つの事案において全国民が同じ意見を出すならともかく、それが出来ないから法律もあるわけでして。このシン議員の主張は、結局「法律を超える絶対的な基準」に全員が拘束されるべきだと主張しているだけです。

●「特定のフィルターを介した記憶だけを持つ」究極の共同体を作る

私は、韓国の親日論争には、法律上の連座制ではないけれど、連座制とほぼ同じ強制力が存在していると見ています。「子が親のことで反省しないといけない」という主張は、その「強制力」の持続を意味する表現でしかありません。すなわち、「親日」という言葉を、過去のものではなく、現在、そして未来のものにするための、適当な名分にすぎません。

法律ではないが、世のなかには「絶対道徳」がある。その絶対道徳の存在を、韓国では「文化的○○」としてよく表現します。その道徳に相応するものなら、たとえ映画やドラマでも証拠になりえます。それを「文化的証拠」と言います。逆らうものには、たとえ相応の法律がなくても、社会的な地位を奪われます。それを「文化的制裁」と言います。

二〇二〇年八月十八日『京郷新聞』、イ・ソヨン済州《チェジュ》大学社会教育科教授の寄稿文「法より強い武器は、文化的制裁」から部分引用してみます。


〈……歴史歪曲を試みる勢力の悪意は、決して疎《おろそ》かにしていいものではない。彼らの関心事は、多くの場合、客観的真実自体ではなく、相手の集団に敵対的なアイデンティティを付与し、そこに自分たちだけの地域主義と反共主義を潜入させ、政治的に扇動、敵と味方を分けることにしかない。まさにそうであるために、筆者は、彼らの悪意に対抗する武器として「法」による処罰は効果的ではないと見ている。法による処罰は、歴史否定者たちに被害者のふりができるようにし、集団記憶（※全体の主義主張をこう表現することがあります。いわゆる「民族の恨み」など）と違う本人の記憶も、法で保護されるべきものだと抗弁する余地を与えてしまう。裁判で争うことを、逆利用されてしまう恐れがあるのだ……。

……本物の被害者が特定された場合には、現行刑法上の名誉毀損《きそん》罪や侮辱罪が適用可能であり、特に遺族が生存した事案では、個人だけでなく故人が属していた集団に対する名誉毀損でも、歴史否定論者たちを処罰することができるだろう。一方、歴史否定者が、記憶共同体に及ぼした傷に対しては、公論の場の持続的で生産的な反論提起と、文化制裁で立ち向かわなければならないと思う。何よりも、歴史の傷痕を直接経験していない後続の世代に、どのように健康的な社会的記憶を作らせるのか、それが重要であろう〉

若い世代に、「健康的な記憶を作らせる」。特に過去のことに対し、まだ実際の記憶を持っている人たちがいなくなり、新しい世代が「特定のフィルターを介した記憶だけを持つ」究極の共同体を作る。そう、それが、親日清算です。ここでいう「記憶」を、「良心」または「常識」に変えても、文章は成立します。「正義」でも、「未来志向」でも。

●慰安婦映画『鬼郷《クイヒャン》』は「文化的証拠」と主張

文化的制裁とは何か。いわゆる「知識人」の大勢が当たり前のように使う表現ですが、具体的な説明を見つけるのはなかなか難しいです。よって、引用ではなく私の考えを書いてみます。

法律は、明らかに法を破った人に対し制裁を下します。そして、「明らかに法を破った」を証明するためには、「証拠」が必要です。文化的制裁も同じです。文化的証拠が存在します。その証拠に逆らうものには、制裁を下すわけです。説明をいたしたつもりですが、これではまた「文化的証拠」とは何かをまた説明しないといけなくなりました。こちらは、そこそこ具体的な話も出ているので、引用も交えてみます。

私が知っている範囲内で、文化的証拠という言葉のもっとも典型的な使い方は、二〇一六年に公開された、ある映画のことです。元慰安婦とされる人たちの証言だけを論拠にして作られた慰安婦映画『鬼郷《クイヒャン》』のチョ・チョンレ監督が、「この映画は文化的証拠だ」と堂々と話しました。言い換えれば、実際にこれといった証拠はないけど、この映画が証拠だ、というのです。以下、同年二月四日『スポーツ朝鮮』「鬼郷チョ・チョンレ監督、映画が慰安婦の文化的証拠になれたら」というタイトルの記事部分引用してみます。

〈映画「鬼郷」のチョ・チョンレ監督が、「慰安婦問題には、相応の証拠がない」という指摘に対して所信を明らかにした。（※二〇一六年二月）四日午後、ソウル中区の大型映画館「メガボックス東大門《ドンデムン》」では、映画『鬼郷』の試写会が開かれた。この日チョ・チョンレ監督は、「劇中で描かれた、日本の大規模虐殺は、どこまでが事実なのか」という質問に対し、「この映画を撮る間、『証拠がない』という言葉をもっとも多く聞いて、本当に怒りを禁じ得なかった」と話を始めた。続いて彼は「生存している方たちの証言があるのに、証拠がないと言うなら、私は映画を製作して文化的証拠を作らなければならないと考えた」と言葉を続けた……〉

この映画、資金が集まらず、製作の下準備に十四年もかかったそうです（率直に、本当かどうかは分かりませんが）。証拠がないと言われて怒ったなら、十四年間、結果的には証拠を見つけることが出来なかった、という意味でもあるでしょう。で、ないなら作る。

いや作らなければならない。私がやらねば誰がやる。そんな結果、文化的証拠とやらを作ったわけです。

●「日本軍による残酷な朝鮮人虐殺」の「文化的証拠」として君臨する小説

これだけが特殊な事例ではありません。映画やドラマなどで描かれた内容がそのまま証拠として人々を「健康な記憶を共有する集団」に追い込む事例は、無数にあります。最近のことを、一つだけ引用してみます。

『太白山脈』『アリラン』など、どの作品も数百万部が売れたと言われている、韓国でもっとも有名な小説家であるチョ・ジョンレ氏。「小説は小説にすぎない。内容は誇張、歪曲されたもの」という指摘もなくはなかったですが、氏の小説は「日本軍による残酷な朝鮮人虐殺」の文化的証拠として君臨してきました。『反日種族主義』などで日本でもよく知られている韓国のイ・ヨンフン氏が、チョ氏の小説で描写されている「日本人警察が朝鮮人を虐殺するシーンなどの朝鮮人虐殺に関わる部分」などが、実際の歴史とは違うと主張しました。以下の『朝鮮日報』の記事（二〇二〇年十月十二日）は、その件に対し、チヨ・ジョンレ氏が話した内容です。

〈小説『太白山脈』の著者チョ・ジョンレ作家が十二日、親日清算を強調し、「日本で留学してくると、無条件で親日派になる」と述べた。チョ作家はこの日、ソウル中区の韓国プレスセンターで開かれた登壇五十周年記者懇談会で、「日本に留学した人たちが土着倭寇（※親日な態度を示す韓国内の人たちに対する俗語）、日本留学を行ってきたら、民族反逆者になる」と述べた。チョ作家は、李承晩政府のときに親日清算のために作られた反民族行為特別調査委員会を復活させなければならないと主張した。彼は「民族の精気のために、歪曲された歴史を正すために反民特委を復活させなければならない」とし「親日派を完全に断罪しないと、この国に未来はない」とした……。

……チョ作家は、『反日種族主義』の著者であるイ・ヨンフン前ソウル大教授について「イ・ヨンフンという人が、私の本について批判しているが、彼は売国奴であり、民族反逆者」とした。チョ作家は、自分の小説『アリラン』のなかの日本の朝鮮人虐殺のシーンが歪曲、誇張されたものだというイ・ヨンフン氏の批判に対し、「彼の言葉はすべて嘘だ。私が書いた歴史的資料こそが客観的だ」とし「国史編纂《へんさん》委員会で発行された資料と、進歩

（※韓国の左派思想）意識を持った人が書いた本を中心とした明確な資料だ」と反論した……〉

同日の「聯合ニュース」によると、チョ・ジョンレ氏は親日派を（※日本に留学した人などを含めて）百五十万人だとしながら、全員断罪しないといけない、とも話したそうです。ちなみに、文在寅大統領の娘さんも日本の大学に留学しました。

●便利に利用できる嘘なら「証拠」、そうでない嘘は「歴史歪曲」

このような事例は、無数にあります。そもそも、先も慰安婦映画の話をしましたが、韓国で「慰安婦は強制連行された性奴隷」というイメージを決定的なものにしたのは、一九九一年から放送されたＭＢＣのドラマ『黎明の瞳（여명의 눈동자）』でした。

しかも、いわゆる「文化的証拠」には、逆の解釈は認められません。例えば、「軍艦島で少年たちが日本人によって虐殺された」という絵本は文化的証拠になりますが、「軍艦島で朝鮮人を監視していたのは朝鮮人だった」という映画は、歴史歪曲になります。二〇二〇年十二月十六日『国民日報』「フィクション（事実に基づいた映画）でも守るべきことがある」という記事から、この現象がよく分かります。

〈ドラマ・映画などの想像力とフィクションに基づく芸術作品であっても、歴史歪曲問題だけは免罪符を与えてはならないという問題意識が強くなっている。視聴者は、芸術的な許容も、歴史的事実のなかで扱われなければならないと指摘しており、最近、このような流れが加速している……『ミスター・サンシャイン』というドラマの主人公は、朝鮮であらゆる迫害を受け、そのせいで親日派になったという設定だ。この件で、親日派に「被害者」という言い訳を付与することは、それすなわち日本に免罪符を与えるようなものなのだ、という批判が相次いだ……二〇一七年の映画『軍艦島』の場合、朝鮮人を虐待し、朝鮮人たちが脱走する火付け役になった人物が、同じ朝鮮人という設定になっていて、「そんな設定は日本の責任を軽くしてしまう」という非難を受けた。

あるドラマ作家は、「韓国人は自負心が強い民族だ。仮想のシナリオでも歴史的事実に基づいているべきという考えをする」とし「特に日本の侵略、文化遺産、ハングルなど韓国人の誇りが込められた歴史的事実を扱うときには、徹底的に研究する必要がある」と助

言した。また「ネットをベースに、視聴者の積極的な声が大きくなっているという点は、歓迎すべきことだ」と付け加えた……〉

いわば、「証拠」とは名ばかりで、自分たちの便利なように利用できる嘘なら「証拠」で、そうでない嘘は「歴史歪曲」になるわけです。アニメ、映画、ドラマ、小説、コミックなど様々な奇想天外な設定を持つフィクション作品を、あくまで「作品」として愛してきた日本の皆さんからすると、文化的証拠など、「これはいったい何の冗談だ」なことでしょう。

しかし、現実において、この文化的証拠は韓国社会でものすごい影響力を発揮しています。本書でも指摘しましたが、「資料など意味がない。必要なのは文化的考察だ」と子供たちに教えてきた結果なのでしょうか。

そう考えてみると、「個人や社会を制御するのは法律ではない。良心と常識だ」という話が与党国会議員の口から出てくるのも、思わしくない意味で「うなずける」のかもしれません。

●相応の成果を上げている「善悪という名のもとに日本の主権を制限」

では、この文化的証拠は、何の意味があるのか。あまり愉快な内容でもないだろうに、なぜ数十年の間、掘り返されて掘り返されて、こうも何度も出てくるのか。それは、「使える」からです。何に使えるのか。あるコラムからヒントを得ることができます。

以下、韓国の保守系ネットメディア「ペン アンド マイク」二〇二〇年十二月二十三日付け、ナ・ヨンジュン氏コラム「二〇二〇年没落の始まり」を部分引用してみます。このコラムは「韓国の左派が、権力を手に入れて反対勢力を支配するためによく使う手口」を論じたもので、日本関連のキーワードもいくつか出てきますが、日本と直接関連した内容ではありません。読者の皆様には、まずこのコラムを読んでいただいて、それから私がコラムを少しだけ変えてみたいと思います。まず、お読みください。

〈「被害意識を政治勢力化すること」は、韓国の左派勢力が国民の支持を獲得するため、一般的に使う手口である。左派は歴史的悲劇や事件・事故を利用して、大衆に「被害意識」を人為的に注入する。そして、自分たちが被害者である大衆の代弁者を自認する。すると、左派勢力を支持することで、大衆は自分たちが「道徳的に優れた集団に属している（道徳的に優れた集団を支持している）」というアイデンティティを手に入れる。そして、左派勢力と対立する政治勢力は「悪」になっていく。

この手口のためには、「象徴資産」を積極的に動員する必要がある。親日、五・一八光州民主化運動、日本軍慰安婦、盧武鉉、セウォル号、ＭｅＴｏｏなどが、被害者を象徴する代表的な「資産」だ。しかし、象徴資産を動員した被害意識の政治勢力化は、左派からすると効果的かもしれないものの、国家経営の優先順位を占めてはいけない。

国家権力がそれに便乗した場合、政治は「祭祀」となる。「悔しさの程度」に応じて人の価値が評価され、彼らはそれぞれ「恨みを晴らすこと」や「補償」を要求する。政治家たちは、彼らを代弁するとして巫堂（ムーダン、シャーマン）の役をしようとする。今日《こんにち》の韓国の政治の現実が、まさにそうだ。国家経営能力が不在な左派は、権力を獲得・維持するために、今でも象徴資産を活用している……〉

原文を書いた方に失礼だというのは百も承知ですが、この文章をこう変えてみたらどうでしょうか。

〈「被害意識を外交問題化すること」は、韓国が国民と日本内の一部の勢力の支持を獲得するため、一般的に使う手口である。韓国は過去の歴史問題を作り出し、韓国民に被害意識を人為的に注入する。そして、自分たちが被害者の代弁者を自認する。すると、韓国の主張を支持することで、人々は自分たちが「道徳的に優れた集団に属している（道徳的に優れた集団を支持している）」というアイデンティティを手に入れる。そして、韓国の主張と対立する主義主張を「悪」と決めつける。

この手口のためには、「文化的証拠」を積極的に動員する必要がある。地獄の強制労働、性奴隷問題、朝鮮人虐殺などが、被害者を象徴する代表的な「証拠」だ。しかし、それらの証拠を動員した被害意識の外交問題化は、韓国からすると効果的かもしれないものの、国家同士の関係において優先順位を占めてはいけないものばかりだ。

国家権力がそれに便乗した場合、外交は「祭祀」となる。「悔しさの程度」に応じて人の価値が評価され、彼らはそれぞれ「謝罪」や「賠償」を要求する。国家指導者は、彼らを代弁するとして巫堂（ムーダン、シャーマン）の役をしようとする。今日の韓国の対日

外交の現実が、まさにそうだ。国家経営能力が不在な韓国は、日本からマウントを取るために、今でも文化的証拠を活用している〉

そう、「うちで漏れるバガジ（水を汲む道具）、外でも漏れる」という韓国の諺《ことわざ》どおり、韓国内で指摘されている韓国の社会問題は、実は「韓国」という国家単位として、日本に対しても同じく行われているわけです。

この「（韓国からして）『正しい』記憶だけを残し、それを善悪論によって共有させる」こと。これが韓国社会を支配する「韓国流民族主義」でもあります。特に、そのなかでももっとも重要なのが、「子に親（先祖）を否定させる」ことです。

否定させる、いや「嫌わせる」理由は何か。韓国の反日勢力にとっては、多くのメリットがあります。まず、「過去の問題を、過去ではなく『今』の問題にできること」「今の世代に罪悪感を植え付けることで、日本の主権行使を制限させられること」、などなどです。先も三権分立の話をしながら、韓国は「韓国の主権が日本の主権の上位概念のように思っている」側面をお伝えしましたが、見方によっては、「先祖（親）に対して評価できる日本人の主権を奪う」と書くこともできるでしょう。

バカバカしいと思われるかもしれませんが、世のなかでは大勢の人たちがインチキ宗教に騙されています。それと同じく、この韓国の「善悪という名のもとに日本の主権を制限する」やり方は、日本内でも、そして国際社会の一部でも、相応の成果を上げています。バカバカしいからといって、決して無視してはいけません。この点については、もう少しあとに「謝罪するほど韓国は反日になる」趣旨の記事を紹介したいと思います。

●「文化的制裁」という名の社会的監視体制

こうして出来上がった「正しい記憶の共有」は、基本的に反日を強化させ、同時に反共を弱体化させます。なぜなら、韓国の言う「正しい」のほぼすべてが、国家単位ではなく民族単位で行われているからです。

韓国では、南北統一は伝統的に、韓国という「国」を基準にして模索されてきました。大韓民国という国の北半分を、北朝鮮が違法占拠している。だから北朝鮮は消える形で、韓国が朝鮮半島を統一しなければならないというのです。これを「吸収統一」とします。最初は北朝鮮も同じく、韓国政府が消える形で統一が行われるべきだとしていました。

後に、韓国も北朝鮮も、まずは統一し、あとで政府を一つに統合するという案を出しますが、韓国は「最終的に残るのは自由民主主義国家でなければならない」ことを前提としています。

これは盧泰愚《ノテウ》政府からの案で、自由民主主義国家を残すというなら、結果的には北朝鮮の政権が消えることになります。長期的に見ると、結果は吸収統一と変わりません。韓国は現行憲法で「自由民主主義国家」となっていますが、北朝鮮は民主主義（朝鮮民主主義人民共和国）を表明しているけれど、自由民主主義は表明していません。していないというか、出来ません。

北朝鮮も今は吸収統一ではなく「連邦制統一」という案を出していますが、この案が韓国側の案と致命的に違うのは、最終的に成立するのが「自由民主主義政府」でも「共産主義政府」でもありません。「民族政府」となっています。共産主義政府または社会主義政府と書くと、韓国の世論が同意してくれないでしょう。だから、主義ではなく「民族」を前面に出したわけです。今でも韓国の保守右派はこの統一案に反対していますが、文在寅政府を含め、韓国の左派勢力は、この案に柔軟なスタンスを示しています。

この「民族政府」を作るというのは、今の政府は民族政府ではないという意味になります。では、民族政府が作れなかったのは誰のせいか。北朝鮮は「帝国主義勢力（米国、日本）」のせいだと主張していますが、韓国内の親北勢力は、米国のことはほとんど言いません。同じく、保守右派からの反発が強くなる恐れがあるからです。中国のせいだとも言いません。同じく、中国からの反発が怖いからです。その代わり、「日本によって分断された」とする動きが加速しています。

日本という「民族の敵」を設定することで、韓国という「国」の問題ではなく、南北統一を「民族」の問題にできるわけです。

「最終的に共産主義国家を作ろう」も「米国のせいで分断されたから米軍が悪い」も、まだ韓国の世論から支持を得るのは難しいでしょう。しかし、「日本のせいだ」としておけば、それは多くの支持を得ることができます。韓国社会の反日思想は、決してこの側面「だけ」で出来ているものではありません。しかし、この「民族」というキーワードが「親日清算」と繋がり、文化的制裁という名の社会的監視体制を作っているのは、紛《まぎ》れもない事実です。その監視体制は、「子に親を否定させる」という永続性をもたせることで、完成するでしょう。

●「北朝鮮と日本が戦争になれば、韓国は北朝鮮を助けるべき」に四十五%が賛成

その効果は、想像を超えます。韓国統一研究院のイ・サンシン室長は、このように話しています。「『北朝鮮と日本が戦争になれば、韓国は北朝鮮を助けるべきである』という文章に対する賛否を、三回ほど調査した。すると、ほぼ四十五%が、着実に『韓国が北朝鮮を助けるべきである』ことに同意している。日本を助けるという回答は、北朝鮮を助けるという回答の三分の一程度だった」。そして、「南北関係の根幹が民族主義にあることは、否定できない」、とも。二〇二〇年十二月十四日に開かれたシンポジウムでのことです（「デイリアン」、二〇二〇年十二月二十四日の記事より）。

先のコラムでもそうでしたが、今では文化的制裁による「唯一の正しい記憶の共有」をしかけているのは、主に左派勢力です。しかし、皮肉なことに、私はこの現象、いうなれば「善悪論もどきの全体主義」が始まったのは、大韓民国初代政府である李承晩政権からだと見ています。

李承晩氏には、「一民主義」という信念がありました。これは、「一つに集まれば生き、

散らばれば死ぬ」という言葉で集約できます。韓国では偉人とされている「李舜臣《イスンシン》」が話した言葉だとされていますが、実は李承晩氏が流行《はや》らせた言葉で、欧米では有名な格言である「団結すれば生き、散らばれば死ぬ（United we stand, divided we fall）」を引用したものだと言われています。

日本軍と戦った朝鮮時代の英雄李舜臣の言葉だとして、反論されないようにしておいたのでしょう。今ではほとんど耳にしなくなりましたが、その考えは、現在も韓国社会に根強く残っています。

韓国の初代大統領李承晩氏が主張したこの一民主義は、例の格言を大統領である自分に有利にしたもので、「一つになったものだけが生き残る。二つになったものは生き残れない。一つになるものこそが真の民主主義だ」とする主張です。だから私の主張に異論を提起するな、という趣旨であります。

最初は李承晩氏の党是でした。李承晩氏の政党とは一般的に「自由党」が有名ですが、当時から韓国の政党は分裂、統合、改名が多く、自由党の前に「大韓国民党」がありました。初めて一民主義を言い出したのは大韓国民党の頃になります。

党是で始まった一民主義は、やがて「一民主義の普及こそが李承晩様への忠誠の証《あかし》だ」

という流れになり、国是モドキになります。理屈は簡単です。「一民主義に反対するやつは共産主義者である」。本当に共産主義者なのかどうかはどうでもよく、共産主義者ということにするのが重要でした。

●彼らにとって民主主義とは、「自分にとって一番良い世界」

李承晩氏が主張する「一つ」とは何か。共産主義は富裕な人たちを引きずり下ろして平等を実現するものだけれど、一民主義は貧しい人たちを富裕にすることで平等を実現するとしています。貧富の差もなく、男女の差もなく、すべてが「一つ」たる平等を実現するというのです。一つであるべきで、そうでないと生き残れない。それこそがエブリバディハッピーになれるから、真の民主主義である、と。

李承晩氏のライバルだった金九《キムグ》氏も、「一つの国が一つの民族で構成され、その国（民族）がそれぞれ、各自頑張ることこそが、真の民主主義だ」と主張していました。すでにこの時点で、李承晩氏も金九氏も、民主主義が持つ「多様性」を認めていないのが分かります。

なぜでしょうか。それは、彼らにとって民主主義とは「自分にとって一番良い世界」を築くための名分にすぎなかったからです。これもまた、民主主義なのかどうかはどうでもよく、民主主義ということにするのが重要だったわけです。

「誰か」の言う通りにしてそんな結果が手に入るなら、人類は苦労しないだろうし、民主主義という「主義」が生まれることもなかったでしょう。その「誰か」を神にして、神の民としてとっくに幸せになっているはずです。そう考えると、李承晩氏も金九氏も、そして北朝鮮の金日成氏も、神モドキになりたかったのかもしれません。

これだけでも十分怪しすぎますが、民主主義を主張しながら、一民主義は「政党も一つであるべきだ」としています。以下、一九四九年四月二十三日の『京郷新聞』から、「一民主義精神と民族運動」という李承晩氏の演説内容を引用してみます。

〈……今は各国が混ざりあって生きる時代であり、私たちの友（※国）もあるが、そうでない人たちも混ざって生きることになっています。こんななか、私たちが紛争して喧嘩ばかりしていると、良い機会を全部なくし、共同の福利の根源は何一つ発展できず、きっとウリナラとウリの利益を奪おうとするほかの国が漁夫の利を得ることになるでしょう。これは誰もすぐ気づくことであります。だからこそ、いかなる個人も団体も、自分たちだけ盛り上がって、自分たちの利益や権利を謀《はか》ろうとする意図を示すなら、どこに住んでいる人だろうと全国の民衆が全員で声討して（※大声で非難して）、そんな意図に居場所を与えないようにしないといけません……。

……私は「一民主義」をもって、一つの政党を作り、その政党の力で一民主義を実施しようとしましたが、一民主義を表明してからもまだまだ一民主義に相応《ふさわ》しい行動が見えず、ただ政党という組織だけを重要視し、各種名義で団体を作り、その団体の基本となる主義は、何であれ「党派」的な思想が強く、お互いに疑いや争いだけを巻き起こしています。だから私たちは政党主義をやめ、一民主義だけを発展させて、すべての同胞が一民主義を徹底的に理解し実践することで、三千万の幸福を共に作っていく精神と決心を確固たるものにしましょう……〉

●「親日清算」という名で、現在も「一つ」を強要する「一民主義」

「民衆が全員で大声で非難して、『一つ』ではない意図に居場所を与えないようにしないといけません」。ここです。これが、韓国社会の「文化的制裁」の原点です。これは、時代が変わっても、政権の旗色が変わっても、韓国社会をずっと支配してきました。

この後、一民主義普及会など様々な団体が作られ、社会各分野が「私たちがいちばん大統領の一民主義に忠誠を尽くしています」を主張することになります。大韓青年団、護国軍、民保団など、「一民主義に反対するやつらを潰す」ための団体も増え、後に李承晩氏がカンペ（暴力団員）を動員して国会を支配する流れを支えることになります。

成均館《ソンギュングァン》大学の史学科教授ソ・ジュンソク氏は、李承晩氏が目指していた国家を「頭領国家」と指摘します。個人的に、ソ教授の主張には同意できないことも多いですが、この頭領国家という言葉は実に適切なものだと思います。

なぜなら、この一民主義が、何かの「法律」なのかというと、そうではありません。あくまで李承晩氏、その支持者、仕方なく頭を下げていた人たちの間の、「彼らだけのルール」でした。李承晩氏が欲しがっていたのは、憲法の守護者たる大統領ではなく、自分勝手な「頭領」だったとも言えましょう。

一民主義は、時代によって「反共思想」と名を変えたりもしましたが、今では「親日清算」という名で、現在も「一つ」を強要しています。そして、それに逆らう人たちへの制裁は、全国民の役割となっています。全員で非難せよ、と。

李承晩氏も金九氏も、朴正熙氏も全斗煥《チョンドファン》氏も、金大中《キムデジュン》氏も盧武鉉氏も、朴槿恵氏も文在寅氏も、彼らだけの「文化的制裁」を続けてきました。頭領になるために。

第六章　「いわゆる朝鮮人虐殺」の信憑性

●併合時代、「半島人」と呼ばれることは生きがいだった

本章では、今まで読んできた古い記事のなかから、個人的に興味深いと思ったものを、いくつか紹介します。まず、一九四八年の「親日清算」の話からです。

一九四八年、単に日本が「半島」と呼ぶという理由だけで、半島という呼び方をなくすべきだとする主張がありました。併合時代の記事を読んでみると、朝鮮人を「朝鮮人」とも、「半島人」とも表記しています。

最近は、韓国では「朝鮮人」と言うと何かの差別用語のようになっていますが、当時の記事は普通に「朝鮮人」と書いています。朝鮮の人だから、当然でしょう。でも、日本側の人、特にある程度の高官、または何かの式典で演説する人の場合は、朝鮮人という言葉を使わず、ほぼ間違いなく「半島人」と言います。個人的に、半島人と呼ぶのは、朝鮮人へのある種の「気遣い」だったのではないか、と思っています。

朝鮮人徴集兵だったウ・スヨン氏は、二〇一〇年一月六日、『朝鮮日報』「私も朝鮮人徴集兵でした」への寄稿文で、次のように話しています。

〈……朝鮮人にも兵役義務が与えられ、私自身が徴集一期となりました。率直に、死ぬのが怖かったです。ところが、その頃から私たち（※朝鮮人）に接する日本人の態度に変化が見え始めました。それまでは遠慮なく「朝鮮人」と、民族を卑下していた彼らは、朝鮮人という言葉を使うことを自らタブーとし、民族ではなく地域を意味する「半島人」と呼んでくれるようになりました。私に「お前らにも、もうすぐ参政権が与えられ、私たちと同じ権利を行使できるようになるだろう」と言ってくれる日本人の友達が増えました。私は、私たちに与えられた兵役義務を肯定的に考えるようになりました……〉

この記事が掲載された当時も、併合時代に日本に協力的だった人たちを無差別に「反民族行為者」とし、その名簿を作って全国の学校に普及させる動きがありました。

あくまでいくつかの記事を読んだだけの感覚ですが、「朝鮮人」というのは、「日本人（日本民族）ではない」というニュアンスがあります。半島人は、朝鮮半島が日本の一部だったので、そういうニュアンスが弱くなります。もちろん、どんなシチュエーションでどんなニュアンスで、どんな表情でどんな言い方をしたのかが、もっとも重要でしょう。

「現場の雰囲気」というやつです。

しかし、少なくとも寄稿文の内容だけで判断すると、半島人と呼ばれるのは、戦場で戦っていた朝鮮人青年たちにとってはすごく嬉しいことであり、場合によっては「生きがい」だったかもしれません。

●日本人が「半島」と呼んだから、「朝鮮半島」の名称を変えるべき

戦後になると、韓国はそうした過去を「消したい」と思ったのでしょうか。一九四八年七月、韓国という国が出来る一カ月前のことです。いろいろ法律などを制定していた国会で、「韓半島（朝鮮半島）と呼ぶのをやめようぜ」という案が話題になりました。パンド（※版圖。半島と発音は同じです）と呼ぶことにしよう、というのです。

その理由は簡単で、「日本は、朝鮮人を半島人と呼んでいた。そのせいで私たちが住むところが半島と呼ばれるようになったのだ。だから名称を変えるべきだ」という主張です。しかし、「地理的に三面が海に囲まれているから、半島と呼ばれている。半島と言われるのは仕方ない」とちゃんと説明できる人もいて、この案は否決となりました。

この案を主張した人は、本当に知らなかったのでしょうか。それとも、「半島人」という呼び方にまつわる併合時代の記憶そのものを、まるごと消したかったのでしょうか。どちらにせよ、最近の「親日清算」の原点を見ている気がして、笑えなくもない話です。しかし、ウ・スヨン氏の気持ちを考えると、当時、彼を「半島人」と呼んで迎え入れた人たちの気持ちを考えると、何とも言えない胸の苦しさが感じられます。以上、一九四八年七月三日『東亜日報』、「人民という語句、否決」という記事でした。

余談ですが、記事でタイトルの「人民」という言葉が否決されたというのは、韓国初の憲法で主権の主体を「国民」にするか、「人民」にするかで争っていたからです。人民は国民より範囲が広く解釈されるため、国民の権利を保護するのが難しくなります。この件は、今でも、左派勢力が「憲法で主権の主体を『国民』ではなく『人』にすべきだ」と主張しており、議論となっています。

●日本総理大臣の靖国神社参拝

一九八五年、中曽根総理の頃の記事です。本書で主に取り上げた元徴用工問題だけでなく、いわゆる慰安婦問題も、「日本海」表記問題も、旭日旗《きょくじつき》問題も、実は韓国側が「反日事案」として利用したのは、終戦から数十年が経ってからでした。

昔の記事を読んでみると、二〇一八年までは旭日旗を掲げた日本の軍艦が観艦式のために韓国に寄港してもさほど問題にならなかったし、一九九〇年代まで韓国の新聞は「東海（韓国でいう日本海のこと）」を「日本海」と表記することにたいした拒否感を示しませんでした。

例えば大韓航空機爆破事件などでも、日本側の記事を引用しながら「日本海（日本でいう東海のこと）」などと普通に表記しているし、何の説明もなく「日本海」とだけ表記している記事も多数あります。同じく、日本総理大臣の靖国神社参拝問題も、大きく報じられるようになったのは、二〇〇〇年代になってからです。

それまでも、韓国側も相応の拒否感は示していましたが、最近のように大騒ぎを起こすことはありませんでした。一九八五年では靖国神社の表記すらも新聞によってバラバラで、「ヤスックニ（야스꾸니）シンサ（神社）」と書いたり、「ジョングック（靖国の韓国語読み）シンサ（神社）」と書いたりしています。最近は「ヤスクニ（야스쿠니）シンサ（神社）」に統一されています。

個人的に、「新聞の書き方が統一されていない」というだけでも、韓国社会ではさほど大きな話題になっていなかった証拠でもあると思っています。実際、当時の紙面を見てみると、あまり重要な記事扱いでもなく、小さく載っています。それでは、当時はどんなふうに報道されていたのか、見てみましょう。

〈中曽根日本総理が敗戦四十周年になる（※一九八五年八月）十五日、ヤスックニ（靖国）シンサ（神社）に公式参拝したことで、今日本内外が騒がしい。ヤスックニシンサなら侵略戦争の一級戦犯など日本軍国主義の亡霊たちを祀《まつ》る寺であり、ここに総理資格で公式参拝したことは終戦後に最初だからだ。日本では政教分離を規定した憲法違反ではないのかを、対外的には日本軍国主義の復活を予告することではないのかと、誤解を招くに十分なことであろう。いくつかの国は、さっそく中曽根の神宮参拝を辛辣に批判した。徴用だの創氏改名だの神社参拝だの、圧政に苦しめられた私達の心境は言う必要もないだろう……。

……総理になってから彼（※中曽根総理）の挙動からは、ずっとタカ派的な姿勢の一貫性が見られる。不沈空母説を公言したり、一昨年米国ウィリアムズバーグで開かれた先進国首脳会議のときには米軍楽隊に旧日本海軍の象徴である軍艦マーチを演奏させ、それを楽しんだとも聞く。
どうであれ、中曽根総理の公然なヤスックニ参拝は周辺国の神経を刺激するに相応《ふさわ》しいことであろう。日本が経済大国に急成長したことはともかく、戦前の軍国主義に回帰するのを望む国や人はどこにもいないと思うのだが〉
（同日／『京郷新聞』）

当時、韓国政府が抗議した、という記事はヒットしませんでした。中共（※中国のこと）が猛烈に日本を批判しているという記事のほうがいくつか載っています。韓国の場合、外交部長官が、韓国を訪問中の日本記者団に「韓米日協力は必要だが、韓国と日本が軍事提携することはないだろう」としながら、靖国参拝に間接的に不満を表したという記事が一つありました。
それから十一年後の一九九六年七月二十九日、橋本龍太郎総理が靖国神社に参拝しました。このときは、さらに記事内容がトーンダウンしています。もし一九八五年の参拝のときに、韓国社会が大騒ぎになっていたなら、こんな扱いにはならなかったでしょう。今回は一九九六年八月一日、『東亜日報』の社説です。

〈「（※タイトル）靖国、そこまでして参拝しないといけないのだろうか」：橋本龍太郎日本総理の先月の靖国神社参拝が、国内外で物議をかもしたのは、当然のことだ。閣僚五人が十五日にまた参拝すると明らかにしている……。（※靖国神社に関する簡単な説明の後に）……韓日の未来志向な関係増進を本当に思っているなら、靖国神社参拝は、やめるべきであろう。彼が日本の保守政治家として選挙を意識したとしても、毎年、神社参拝をしてきたとしても、現職総理である以上、やめたほうがいいのだ。韓国と日本は、もう気まずい過去を清算し、２００２ワールドカップ共同開催など友好協力関係を増進していくべきときだ。その邪魔になる行為は、最大限自制することが、日本指導層の責務である〉

先も、盧武鉉《ノムヒョン》政府が「三つの事案（慰安婦問題、サハリン同胞問題、原爆被害者）」を取り上げたことで、「後で使える反日事案候補を選んでおいたのではないか」という趣旨を書きましたが、それもそのはず、韓国が大騒ぎしている反日事案のほとんどは、実は終戦から数十年経ってから「掘り返された」ものです。

それがそんなに苦しい問題だったなら、併合時代を実際に経験した人たちが生きている間に、社会・外交などの分野で大きな問題と化していたことでしょう。しかし、実際は、そうではありません。靖国神社参拝問題も、その一つであろうと、私は思っています。

●「いわゆる朝鮮人虐殺」の信憑性

最近、韓国側と、日本内の一部の団体を中心に問題提起されている「いわゆる朝鮮人虐殺」の件。例えば『しんぶん赤旗』二〇二〇年九月二日の記事によると、〈一九二三年に発生した関東大震災のさなか、「朝鮮人が井戸に毒を入れる」などのデマが流れ、六千人以上の朝鮮人、七百人以上の中国人が軍隊・警察・一般市民に虐殺されました〉となっています。

今でも東京都墨田区では毎年追悼式が開かれますが、小池都知事は、このような虐殺論に同意せず、追悼文を送らないでいます。

本件について、当時（一九二三年）、朝鮮の記者が直接取材した記事を見つけたので、紹介します。

朝鮮人労働者取材記事のときにも同じ話をいたしましたが、併合時代の朝鮮の記事を読んでみると、「朝鮮以外の地域を、記者が自分で取材したもの」がそうありません。これは、各新聞社の取材能力の問題というよりは、人力を含めたインフラの問題かもしれません。

関東大震災の際は特にそうで、そもそも日本から情報を発してくれるところがほとんどなかったので、「～だそうだ」な記事以外に、朝鮮の記者たちがちゃんと取材して自分の目で見て書いた記事は、ほとんどありません。これもまた、状況が状況だっただけに、新聞社からすると仕方ないことだったかもしれません。

警務局の「朝鮮人が暴行されたというのは一部だけであり、噂に動揺しないように」という発表をそのまま載せただけの記事もあるし、海外の抗日団体が「無数の朝鮮人が惨殺された」と発表したと紹介する記事もあります。「『地震以外のこと』で多くの同胞が殺された」と、明確な証拠提示などはせずとも迂回《うかい》的に虐殺論を支持する記事もあれば、逆に「朝鮮人と日本人が力を合わせて頑張っている」とか、世界中から日本に向けられた人道的支援に感動したとする、「美談」のような書き方の記事もあります。でも、そのいずれも、朝鮮半島の記者が直接取材した記事はほとんどありませんでした。

個人的に「本当かどうかが確認できない状態、そんな状況下で『朝鮮人が虐殺された』

という噂は、それ自体がかなりセンセーショナルなものだったはずなのに、関連報道そのものが禁じられていない」のが気になりました。

ちなみに、海外の抗日団体というのは、ハワイの「国民会」で、朝鮮人虐殺の件を米国側に調べてほしいと要請していました。彼らが主張する死亡者数は、五百人です（一九二三年十一月二十九日／『東亜日報』）。

●関東大震災時の朝鮮人労働者保護施設取材記事

そんななか、『東亜日報』の特派員イ・サンヒョプ氏が、一九二三年九月三十日、千葉県にある朝鮮人収容施設を訪れ取材した記事がありました。以下、原文ママ「収容」という字を使いますが、記事から伝わってくるイメージだと「避難所」です。韓国の記事では今でも、何かの災害で非難した人たち、または大勢の人命被害が発生した事故の関係者・遺族たちが集まる場所を「収容施設」と書きます。

記事によると、施設には朝鮮人だけでなく中国人も千六百九十一人が収容されており、当時の日本は戒厳状態だったようで、訪問には戒厳司令部の許可が必要だった、となっています。

韓国側、及び一部の市民団体が主張する「市民・警察・軍隊による無差別な朝鮮人虐殺」の雰囲気が、当時の記事に残っているのかどうか、見てみましょう。

〈東京付近で朝鮮人をもっとも多く収容しているところは、千葉県下習志野である。私（イ・サンヒョプ特派員）は東京に到着した次の日から、ここを訪問するためにいろんな関係官庁に交渉してみたが、うまくいかず困っていたところ、十九日になってからやっと、戒厳司令部の将校と同行することで、心配も多く嬉しさも多い道を、自動車で二時間半走り、目的地に到着することができた。習志野は東京から八十里（※約三十一・四キロで、朝鮮の里は日本とは長さが違います）離れたところであり、騎兵旅団の所在地であり、兵隊の練習場がある。朝鮮の人たちを収容しているのは、九州大戦のときに青島で捕虜にしたドイツの砲兵たちがいた居所と、東京から軍隊が練習にきて使っていたが古くて今は使っていない居所の二カ所であり、収容されている朝鮮の人は三千二十四人で学生が約百七十人、それ以外はほとんどが労働者で、女子も六十人はいて、子供も少なくないし、側には中国人労働者も千六百九十一人がいるという。

所長である内富少佐からおおまかに説明を聞いた。最初は、一気に大勢の人々が押し寄せてきて、食糧ほかいろいろ実に困難であったが、様々な形で周旋し、食糧も一日に一人あたり米二ホプ（※日本でいう「合」、約百八十ミリリットル）、麦二ホプずつ与え、やっとの思いでご飯を入れる茶碗も用意でき、今日からは初めてお湯を与え、汁にして食べるようにしたといい、ご飯を炊いて分配したり清潔・掃除などは収容されている人たちでやるようにしてあり、十八日からは外で運動することも許可したという。軍隊にあった毛氈《もうせん》もありったけのものを配るなど、出来る限りの便宜は図っているとも言った。

それから収容所長の案内で収容室を見回った。出入り口には兵士が守っており、そのなかには（※人たちが）敷物の上に並んで座っている光景が、戦時の捕虜とはこのようなものかもしれないし、私の経験からだと、刑務所の手工業の光景とも似ている。会えて嬉しいと思う前にまず驚いたのは、その人たちは誰もがやつれており、顔色は重患者のようだし、気力がまったく感じられない。これはここにきて苦労したからではなく、地震や火災にたまげたまま数日も食べることも寝ることもできず、東京からここまで来るまであまりにも気苦労が大きかったからだという。赤ちゃんを抱いた女性は母乳が出なくなったともいうから、本当に気苦労が耐えなかったのだろう……。

……治療を受けている人が四百人ぐらいいて、そのなかの二百人は外傷患者だ。普通に収容室にいる人たちも顔に絆創膏《ばんそうこう》が貼ってあったり頭に包帯を巻いたりした人が少なくない。ほとんどはやっと死を免《まぬが》れた人たちである。ほかにもここの人たちの三分の一は、そんな困難な境遇を経験したという。外傷以外だと脚気《かっけ》と火傷《やけど》で治療を申請する人が多いという。もっとも多いのは胃腸病で、苦労に耐えられず喉が通らないけど無理して食べたり、食べ物が麦などに急に変わったりしたせいだという……〉

●これが「虐殺」された人たちの反応か

収容されている人たちの最大の問題は、「一銭もなし」状態であることです。もし誰かが仕事をくれると言っても、まず服と靴すらない人たちもいました。朝鮮に家族がいる人たちは朝鮮に帰りたいと言うけれど、彼らが朝鮮半島に帰るためのインフラが復旧できておらず、本当にどうしようもない状態だった、とも。別の記事では、船便が再開されてから間もなく朝鮮に帰った人だけで、数万人に及んだと記されています。

収容施設の人々は、『東亜日報』の記者に「会えて嬉しい」「道中ご苦労さまでした」

「なかにいたのが悪い（地震が起きたところにいた私たちの運が悪かった）」と話し、記者は感動した、とも。地震で夫を亡くした女性、兄を亡くした人のことなど、いろいろな話が載っていますが、収容所の人たちのなかで特に話題になっているのは、朝鮮人の夫と一緒にいるために収容所で暮らすことを決めた日本人妻たち（五～六人いるそうです）の話と、親をなくした日本人の子を東京から千葉まで守ってきた朝鮮人女性の話だそうです。

加えて、これは同じ紙面の別記事ですが、習志野と目黒競馬場では収容がほぼ限界で、朝鮮人学生たちは「留学生督学部」という場所に、労働者たちは青山に収容することにしたとしながら、それぞれ習志野や芝浦ではなく、（芝浦から青山に変更となった）留学生督学部や青山の場所に向かうべきだとの内容もありました。とはいえ、地震で逃げ回る人たちがちゃんと新聞が読めたはずもないし、混乱は大きかったことでしょう。

ただ、私には、この記事が「虐殺」をした、またはされた人たちの反応だとは思えませんでした。

●併合時代のほのぼのとした京城《キョンソン》公園の風景

ソウルには、タプゴル（塔骨）公園というところがあります。「バッカスおばあさん（高齢者売春）」が多いことで有名な場所でもあります。もともとは宗廟公園というところがバッカスおばあさんたちの主な舞台でしたが、そこは取り締まりが厳しくなって、塔骨公園が第二の聖地になってしまった、と聞きます。

さて、この公園、韓国では一九一九年の独立運動、三・一運動が始まった場所（三・一運動当時はパゴダ公園と呼ばれていました）として有名です。韓国では、日本、朝鮮総督府が三・一運動を大いに恐れ、関係者たちを徹底的に追跡、弾圧したと主張しています。

しかし、実際には日本側は三・一運動の首謀者たちをそこまで執拗に追跡したわけでも、逮捕した人たちに重い刑罰を与えたわけでもありませんでした。三・一運動を主導した、韓国では「民族指導者」とされる人たちも、自首したり、あっさり海外に逃げたりしました。パゴダ公園も、大規模デモが始まった場所なのにこれといって問題視されなかったようで、三・一運動の後にも何の制限もなく市民に開放されました。

そもそも、ここを公園として整備して開放したのが朝鮮総督府で、ソウル、当時の名で「京城《キョンソン》」に初めて出来た公園でもあります。整備された自然、ビールやアイスを売る屋台、ちょっとした公演などもあって、主に夏の夜の避暑地として京城の人たちの間で人気を集めました。これから紹介する記事は、一九二一年六月二十三日、『東亜日報』が塔骨公園を称える記事です。

『東亜日報』が「公演を開きたいと思いますが、公園の裏口を開放してくれませんか」と総督府に頼んでみたところ、総督府が「いいですよ。夜に裏口を開けておくと不良な連中が入ってきて木の枝を折ったりするんですよ。もし記事になったことで市民意識が高まるなら、毎日でも開けましょう。椅子も新しいものにしますよ」と答えました。

よって、『東亜日報』は、「朝鮮人の市民意識を高めよう」としながら、公演の告知とともに、この記事を載せました。ただそれだけの内容です。とても平和で、ほのぼのしています。本書で扱っている別の案件、例えば元徴用工問題とか、親日清算とか、そんなものに比べると、たいして重要だとも思えません。

しかし、なぜでしょう。重要な内容でもないと分かっているにも関わらず読み終わったとき、多くのことが私のなかに「残る」ことを感じました。ブログでこの記事を紹介したら、コメント欄で「本当に、あの戦争は負けたくなかったな」というコメントが付いて、何かを感じ取ったのは私だけではないようだな、と思いました。それでは、一九二一年のソウル（京城）の風景、記事から覗《のぞ》いてみましょう。

〈……一日を働いて汗を流した京城の市民にとって、涼しくなる夜こそ、塔骨公園の青い水と緑陰を求めて疲れた頭と流れる汗を冷やすときである。これから木々の影が心地よくなる塔骨公園で、避暑に来た市民たちを慰安するために、京城楽隊主宰及び本社の後援で、来《きた》る三十日、木曜の夜から始まって、毎週木曜午後の八時半から、涼しくも爽快な音楽を演奏し、一般市民に捧げることとなった。もともと京城楽隊は経費に大変困っており隊員の生活も困難であるが、特に一般市民を思う心ですべての不便と困難に構わずに演奏をしてくれるという。本社もまた楽隊の心に感謝するために経費を後援することにしたのである。一般市民がこれにより無料で爽快な音楽を聞くことになったのは、避暑する市民にとって幸せなことになろう。

ここまでは別報（※楽団のことは別の記事でも紹介しています）と同じであるが、もともと塔骨公園の裏門は午後五時になると閉めてしまうものだが、本社では市民の避暑のために総督府の「庶務部」会計課用道係と交渉し、特に木曜日だけは午後十一時半まで開けてもらうこととなった。これに対して用道係主任の川津さんは、「もともと公園とは市民のためのものではないか。毎日の夜に開放してもいいけれど、最近午後五時に裏門を閉める理由は、不良輩《やから》どもが裏門から入ってきて、花を折り木を毀損《きそん》し、芝生を踏み潰してしまうが、とても監視が出来なかったからである。しかし今後、貴社がよく見てくれるなら（※記事としてそういう側面を広報してくれるなら）、その成績によっては毎日の夜にでも裏門を開け、椅子も新しく設置するとしましょう」と言っている。本社では、市民のなかに、そのように幼稚な公徳心しか持ち合わせていない人がいることを、真心から悲しむとともに、多くの市民に対して心から願うは、文明人としての体面（※チェミョン、プライド）を振り返り、一部の人たちの間違いで、不幸と悪評が朝鮮の人全員に返ってくることを深く考えてみて、花も木も芝生も力尽くして保護し、お互いが警戒し合うことを心から願うばかりであり、もしいかなる不良輩が社会の公徳を無視するそのようなことがあろうとも、思いっきり勧告してこそ、他人からの羞恥《しゅうち》から免れることができよう。一般市民は、深く気をつけようではないか〉

●戦後、「日本式だ」という理由で門を取り壊し

ほかに、アイスやビールを売っていた、公衆トイレはもちろん、ガラスでできた温室もあった、などなどと塔骨公園に関する記録が残っています。「夏に休める場所もなかった京城市民たちの、可愛《かわい》くて涼しい避暑地」「多少ぎこちない洋服（スーツ）姿でこの公園を散策することは、男の自慢だった」「（そして、そんな男を狙う）売春婦もちらほら」だったそうです。

しかし、それから一九三〇年代の不景気と、ほかの公園が次々と開園したこと、今どきの言葉で「ホームレス」たちが居座るようになったなどで、塔骨公園の人気は下火になっていきました。

それから、韓国の経済成長期に、周辺に商店街が作られたり、違う形で復活を成し遂げたものの、ソウル初めての公園で、もともとは王の所有だったこと、そして三・一運動が始まった場所というネームバリューがあって、一九八三年にはせっかくの商店街を閉鎖、「史跡公園」としての側面だけを強調し、今の形となりました。

戦後、いくつかの再整備の際、「日本式だ」「伝統式に復元する」という理由だけで、正門や、『東亜日報』の記事の裏門（北門）など四つの門は、取り壊されました。正門は三・一運動を記念するという理由で三一門と名付け、朴正熙《パクチョンヒ》大統領が自ら三一門と懸板《かけいた》（扁額）を書きましたが、これもまた後に「親日派が書いたものだ」という理由で撤去されました。

●「韓国に謝罪しても無駄だ」という一九九二年からの警告

ここで紹介する記事のオリジナルは、一九九二年『文藝春秋』三月号の記事を、韓国の『東亜日報』が韓国語に訳し、要約したものです。私がそれを再び日本語に訳しましたので、オリジナルの文章と完全に一致するわけではありません。その点、ご理解願います。また、あくまで『東亜日報』の記事を訳したものですので、全文ではありません。ちなみに、『文藝春秋』の「対談」に参加した方は、「田中明拓殖大学教授」と「佐藤勝巳現代コリア研究所所長」です。お二方ともに、もう故人です。

この記事を本書に載せた理由は、まるで昨日の記事のような強烈な説得力があること、しかし二〇二〇年に本文を目にすることは難しいだろう、と思われたからです。ほかにも、一九九二年にも「嫌韓」という単語があったなど、いろいろ興味深い内容です。『文藝春秋』の記事は「謝罪をすればするほど悪くなる日韓関係」というタイトルで、要は、謝罪してやればやるほど、韓国は日本に対して何かを要求する「テクニック」を身につけるようになり、それが関係悪化に繋がるというものです。

『東亜日報』の要約・紹介記事は、「日本の知識人たち、逆に韓国を批判」というタイトルで、一九九二年二月十一日付です。ちなみに、『東亜日報』の記事を書いた人は、現在「共に民主党」代表であるイ・ナギョン氏です。当時は、『東亜日報』日本特派員でした。

〈……以下は、日本の総合月刊誌『文藝春秋』三月号に載った「謝罪するほど悪くなる日韓関係」というタイトルの対談の主要内容である。

・冷戦後の日韓関係は、いつも韓国の「謝罪要求」と日本の「謝罪」の繰り返しであり、日本人の反韓・嫌韓が増大しただけだ。首脳会談（一九九二年一月）のもっとも重要な議題が慰安婦の補償問題だったとは、実に情けない。植民地支配されたという悔しい思いなら分かる。でも、それは魂の次元の問題であろう。それを物やお金の外交交渉の時限まで引きずり下ろしていいのか（※一九九二年一月、宮沢喜一総理が訪韓し、盧泰愚《ノテウ》韓国大統領と会談しました。当時は、『朝日新聞』が「慰安婦強制連行に旧日本軍が関与した」などの内容を報道し、慰安婦問題が大きな話題になっていました。後に、慰安婦問題の証言者である吉田清治氏の証言が事実と違うと判明、『朝日新聞』も一部の記事を取り下げることになります。にもかかわらず、当時の宮沢総理は、慰安婦問題においてこれといった反論をせず（事実確認をしなかった、ともいわれますが）、日韓首脳会談の場で公式に謝罪をしました。その流れが、一九九三年の河野談話まで続くことになります）。

・日帝三十六年を盾《たて》にし、テーブルを叩きながら大声を出せば日本人を脅すことができ、日本はすぐ謝罪・譲歩するという、ある種の「テクニック」を、韓国側は身につけた。実際、今回の宮沢総理、海部総理、北朝鮮を訪れた金丸氏も、実に簡単に謝罪してしまった。そんな日本政治家の安易な姿勢が、韓国側にそのような交渉術を覚えさせたのだ。

・韓国が日本に提起している要求は、もし韓国が植民地にならなかったら発展できたはずの部分を、日本が賠償しないといけないとする考えに基礎している。発展の可能性というのは計量できないものであり、韓国側の論理に従うなら、日本側は無限大に補償するはめになる。

・宮沢総理の訪韓の際、韓国大衆は天皇の人形を燃やし、日本大使館に卵を投げつけた。在日韓国人処遇問題だろうが従軍慰安婦問題だろうが、その人たちに対して今まで韓国政府がどれだけ関心を示し、同情を抱いてきたのか。ほとんどゼロではないか。それを自分たちの都合に合わせて利用するなんて、あまりにもひどい。

・一九六五年に締結された「財産及び請求権に関する問題の解決及び経済協力に関する日本国と大韓民国間の協定」第二条には、「両締約国及びその国民の権利と利益及び国民の間の請求権に関する問題は完全かつ最終的に解決されたことを確認する」と記録されている。そして日本は有償無償の政府借款五億ドル、民間借款三億ドルを韓国側に提供、計八億ドルで三十六年間の植民地支配問題は終了した。一九七五年までこの五億ドルを含めて二十三億ドルの借款が提供され、朴正熙《パクチョンヒ》大統領はこの借款を実に有効に活用、漢《ハン》江《ガン》の奇跡と呼ばれる経済発展を成し遂げた。朴大統領は条約締結十一年後の一九七六年十二月、五百ページに及ぶ「請求権資金白書」を発刊し、そのなかで五十五～五十六ページに徴用者への分配金を一覧表で発表した。だから従軍慰安婦だった方々への補償も本来は韓国政府が行うべきである。日本はすでに請求権資金を支払ったため、それを被害者にどう分配するかは韓国の主権に属することだ。

・にもかかわらず、韓国政府は日本に補償せよと要求している。日本と被害者が直接交渉するようにするというものである。自国が結んだ条約を簡単に無視できると思っているところから、韓国の「甘え」の構造ができたのだ。

・朴（※正熙）大統領時代の韓国には、誇りがあった。朴氏には韓国を立派な国にしたいという熱意と計画があった。日本側もその熱意に共感し、かなり協力した。しかし全《チョン》（※斗煥《ドファン》）氏や盧《ノ》（※泰愚《テウ》）氏には朴氏のようなビジョンや熱意が感じられない。朴氏の遺産から甘い汁を吸おうとしているだけの印象だ。そのようなビジョンがないからこそ、「日帝三十六年」という過去が利用されるのだ。それはある種の行き詰まり現象だ。過去問題以外には、貿易不均衡と技術移転に関する要求だけだ。

・韓国人には、口では反日、反日と言いながらも、重要なことは日本に任せっぱなしの傾向がある。普通、人間は不信の対象とは関係を断つ方向に動く。半面、要求するという行為は、対象に近づくという意味であろう。しかし、韓国は日本に対して、「お前は悪い奴だ。だから協力を要求する」という思考だ。

・先端技術の移転だってそうだ。日本企業が莫大なお金を使って開発した技術を日本政府が意のままに渡すわけにはいかないのだ。また技術移転をすると当然、部品と原料も伴うものであり、日本の輸出が増える。韓国は「技術くれ。輸入超過はなくせ」と要求しているから、これは最初から話にならない要求だ。韓国がやるべきことは、日本の技術を受け入れることではなく、逆に独自の技術を作って日本でも売れる製品を作ることだ。それでこそ対日赤字も解消されるであろう〉

それから二十九年後を生きている私たちが、この文章を「昨日のコラムのようだ」と思ってしまうのは、なぜでしょうか。

おわりに

最後は、一九四〇年、『東亜日報』と『朝鮮日報』が廃刊となった件についてです。

最近、韓国では、併合時代に『ハングル新聞』として活躍していた『東亜日報』と『朝鮮日報』に「親日」というレッテル貼りが広がっています。特に二〇二〇年は『朝鮮日報』『東亜日報』が創刊百周年でもあり、韓国では一部の市民団体を中心に「百年間も歴史歪曲してきたことを謝罪しろ」という運動が始まりました。

その一環として「朝鮮・東亜の最悪の記事一〇〇選」というファイルが作られ、ネットで配布されています。いったいどんなものが「最悪の記事」に選ばれたのか、一〇〇選のなかから、併合時代に書かれた『東亜日報』の一九二一年三月四日の記事を紹介します。記事の趣旨は、「日本のおかげでいろいろ発展できたが、もっと言論集会の自由と、一部産業の特別保護を増やしてくれ」というものです。

〈……ああ、日本の親友たちよ。私たちに忌憚《きたん》なく言わせてほしい。日韓併合から十年間、そなたたちは総督府が私たちに何をくれたと思っているのだろうか。一つ目は気持ちの良い緑の山であり、二つ目は立派な道路であり、三つ目は立派な裁判所であり、四つ目は立派な行政官であり、五つ目は立派な産業開発であり、六つ目は立派な教育振興であろう。すると朝鮮の人たちは満足して幸せに思い太平の世を享受しているのだろうか。

在来の韓国の政治が悪なるものだった。政府は腐敗し大臣は闇弱《あんじゃく》で法律は乱れ財政は貧しく官職を売買し人民を搾取し、その生命や財産の安全などなく、教育発達と産業振興など企画することすらかなわず、なにより自由がどんなものなのか、誰にもわからなかった。したがって、在来の韓国政府は暗黒政治で、総督府の政治は文化政治であろう。それはあまりにも極めて当然にそうである。しかし、だからこそ朝鮮の人たちは何の問題もなく暮らしていると思っているのだろうか……（※この後、「かならずしも、何の問題なく暮らせているわけではない」とし、言論集会の自由と一部産業の保護を訴える内容が続きます）〉

「二〇二〇朝鮮・東亜最悪報道一〇〇選」というＰＤＦファイルの十六ページは、この記事が「親日、歴史歪曲」である理由を次のように説明しています。

〈……「日本の友達よ」という連続社説では、私たちの民族を抑圧して収奪した日本の植民地支配を指し、凶悪な者ではなく「私たちの友人」だと言った。日本人を「情に厚く、力強い」人だと称賛した。この社説はまた、「(在来の韓国)政府は腐敗し、法律が乱れ、財政が貧しく、官職を売買し~自由が何なのか知らなかった」と厳しく批判し、「在来の韓国政府は暗闇政治、総督府の政治は文化政治」と評価した。総督府は、私たちに「緑豊かな山」「すばらしい道」「すばらしい裁判所」「すばらしい行政官」「すばらしい産業開発」「すばらしい教育振興」という贈り物を与えてくれたと賞賛している。つまり、日本の植民地支配がなかったら、朝鮮は永遠の未開国に残るところだった、そういう意味である……〉

そんなことでいちいち親日だの歴史歪曲だのと決めつけたら、もう何も残らなくなるでしょうに。韓国らしいと言えばそれだけですが、『東亜日報』『朝鮮日報』も大変だな、と同情したくもなります。

こんな雰囲気ですから、『東亜日報』『朝鮮日報』は、「違う。私たちは民族を守るために新聞として日帝と戦った」と主張しています。その「抗日」の代表的な事例とされているのが、いわゆる「日章旗削除事件」と、一九四〇年の「強制廃刊」です。

一九三六年、ベルリンオリンピックのマラソンで金メダルを取った孫基禎《ソンギジョン》選手の写真から、ユニフォーム（ゼッケン）の日の丸を削除して、紙面に載せました。自分たちで撮った写真でもなく、日本の『朝日スポーツ』に載った写真をそのまま切り取って修正したものだと言われています。これがきっかけで、『東亜日報』『朝鮮日報』に対する検閲が厳しくなり、結局、両紙は一九四〇年に強制的に廃刊となった、というのが、両紙の主張であり、韓国では定説になっています。

こんなふうに新聞社を廃刊に追い込んだならさすがに感心しませんが、調べてみると、「あれ?」と思わずにはいられません。一九三六年のことで、なぜ一九四〇年に廃刊となったのでしょうか。本当に総督府が強制的に両紙を廃刊させたのなら、一九三六年にすぐ出来たのではないでしょうか。

確かに一九三六年の「いわゆる日章旗抹消事件」で『朝鮮日報』『東亜日報』はともに

十一カ月停刊という重い処分を食らいましたが、別に新聞発行の許可そのものが取り消されたわけでもないし、処分期間が終わってからは一九四〇年八月まで普通に新聞を刊行できました。

それに、これは韓国でもあまり知られていないことですが、朝鮮の新聞が写真から日章旗を消したのは、一九三六年が初めてでもありません。『東亜日報』は、一九三二年のロスアンゼルスオリンピックで朝鮮人金恩培《キムウンベ》選手が六位でゴールしたときにも、日章旗を削除しています。同年八月九日付のことです。総督府がそれを見過ごしたはずはありません。というか、今でもそんなことをしたら大問題になるでしょう。

しかし、これといった罰則はありませんでした。個人的な推測にすぎませんが、おそらく、再発防止の約束などの措置があったはずです。とはいえ、一九三二年には停刊などの処罰はありませんでした。

こうした疑問点に気づいたのは私だけではなかったようで、両紙の廃刊について、別の主張も出てくるようになりました。戦争による物資の確保のため、総督府側が「ハングル新聞が三紙もある必要はないのではないか。廃刊してくれませんか」と『朝鮮日報』と『東亜日報』に要請した、しかも慰労金としてかなりの大金を支払った、というのです。

以下、韓国の非営利ニュースメディア「ニュース・打破《タパ》」が二〇二〇年三月十六日に報道した内容です。個人的に、このメディアの記事はあまり信用しないほうですが、この記事はちゃんとした資料をもとにして書かれたものです。

引用部分にある「秘密文書」がその資料で、一九四〇年二月二十五日、朝鮮総督府警務局長が政務総監に報告した「言文（ハングル）新聞の統制に関する件」という文書です。崇実《スンシル》大学の韓国キリスト教博物館が所蔵しています。

〈……この秘密文書には、一九三九年十二月から一九四〇年二月までの約三カ月間、朝鮮総督府が『朝鮮日報』『東亜日報』両社の社長と接触し、廃刊問題を協議した内容が書いてある。総督府が両紙の社長に会って廃刊を要求した時点はいつなのか、両紙の社長が廃刊方針にどう反応したのか、後で両紙と総督府の間の廃刊協議がどのような方法で行われたのかが、詳しく記録されている。この秘密文書の内容をまとめると、（※強制的に廃刊されたとする）『朝鮮日報』の主張とは異なり、文書が書かれた一九四〇年二月二十五日時点まで、両紙ともに廃刊に反対して抗った痕跡などない。むしろ『朝鮮日報』のパン・ウンモ社長は、総督府の廃刊方針に最初から積極的に応じて、廃刊しますと覚書《おぼえがき》まで提出した。また、廃刊の条件として「『東亜日報』も一緒に廃刊してくれ」と要求した。一方、『東亜日報』は廃刊の確答を避け、拒否する態度を見せるなど、秘密文書が作成された一九四〇年二月二十五日では、廃刊の方針にそこまで順応してはいなかった。

『朝鮮』と『東亜』、両紙は一九四〇年八月、同時に廃刊した。朝鮮総督府は当時、廃刊の補償金として、『朝鮮日報』に八十万ウォン、『東亜日報』に五十万ウォンずつを策定、支給した。当時、貢献飛行機（※国へ戦闘機製作用の資金を寄付すること）一機の価格が五万ウォンから十万ウォンの間だった。一九四〇年廃刊当時の発行部数は、『朝鮮日報』が六万三千部、『東亜日報』が五万五千部程度だった。

では、どうして日本はこのように莫大なお金を支給してまで、両紙を廃刊させたのだろうか。その目的は何だったのだろうか。パク・ヨンギュ、サンジ大学メディア映像広告学部教授は、「広い視野で見ると、当時なりのメディア統廃合政策の一環だったと見るしかない」と説明する。戦争が長期化して物資が足りなくなり、新聞の紙面も画一化されていたので、『朝鮮日報』『東亜日報』『毎日新報』など、ハングルで発行する新聞が三つも必要な状態ではなかったのだ。実際、当時の日本は、日本各地方で発行していた新聞も一つにまとめる統廃合政策を推進していた。

パク・ヨンギュ教授はこのように話している。「『朝鮮日報』『東亜日報』が強制廃刊されたというのは、収益を出す企業として新聞の発行を続けたかったのにできなくなったという面では、ある程度は事実かもしれない。しかし、日本に批判的で抵抗的な論調のせいで何の補償もなく強制廃刊されたとする両紙の主張は、決して事実ではない」……〉

結局、反日だったと主張する両紙の主張も嘘にしか見えないし、親日だったとする市民団体の主張もまた、嘘にしか見えません。

両紙のことだけではありません。韓国に存在する「日本」という存在は、所詮《しょせん》は韓国が一方的に精神的・物質的に得をするためにでっちあげた嘘の複合体でしかありません。その嘘がバレるのを恐れ、韓国社会は今でも正義とか文化とか、そんな嘘で既存の嘘を上塗りし、その嘘に逆らう人たちを社会的に潰しています。それが「反日思想」の本質ではないでしょうか。

そのせいでしょうか。まだ「上塗り」が少なかった時代、併合時代を生きた人たちが残した古い記事には、現在の嘘とは矛盾する記述が溢れています。少なくとも、私には、それらが「人類最悪の植民地支配」のもとで書かれたものには見えませんでした。

妙な立場にいるとはいえ、私もまたその後代を生きる一人。心の声に耳を傾けるほど、「恥」ずかしいかぎりです。

デザイン／小栗山雄司
photo／gettyimages

シンシアリー (SincereLEE)

1970年代、韓国生まれ、韓国育ちの生粋の韓国人。

歯科医院を休業し、2017年春より日本へ移住。母から日韓併合時代に学んだ日本語を教えられ、子供のころから日本の雑誌やアニメで日本語に親しんできた。また、日本の地上波放送のテレビを録画したビデオなどから日本の姿を知り、日本の雑誌や書籍からも、韓国で敵視している日本はどこにも存在しないことを知る。

アメリカの行政学者アレイン・アイルランドが1926年に発表した「The New Korea」に書かれた、韓国が声高に叫ぶ「人類史上最悪の植民地支配」とはおよそかけ離れた日韓併合の真実を世に知らしめるために始めた、韓国の反日思想への皮肉を綴った日記「シンシアリーのブログ」は1日10万PVを超え、日本人に愛読されている。

初めての著書『韓国人による恥韓論』、第2弾『韓国人による沈韓論』、第3弾『韓国人が暴く黒韓史』、第4弾『韓国人による震韓論』、第5弾『韓国人による嘘韓論』、第6弾『韓国人による北韓論』、第7弾『韓国人による末韓論』、第8弾『韓国人による罪韓論』、第9弾『朝鮮半島統一後に日本に起こること』、第10弾『「徴用工」の悪心』、第11弾『文在寅政権の末路』、第12弾『「反日」異常事態』、『なぜ日本の「ご飯」は美味しいのか』『人を楽にしてくれる国・日本』、『なぜ韓国人は借りたお金を返さないのか』(扶桑社新書)、『「高文脈文化」日本の行間』『今、韓国で起こっていること』『朴槿恵と亡国の民』(小社刊)、著書は68万部超のベストセラーとなる。

扶桑社新書 366

恥韓の根源

発行日 2021年3月1日　初版第1刷発行

著　　者………シンシアリー
発 行 者………秋尾 弘史
発 行 所………株式会社 扶桑社
〒105-8070
東京都港区芝浦1-1-1 浜松町ビルディング
電話 03-6368-8870(編集)
03-6368-8891(郵便室)
www.fusosha.co.jp

DTP制作………株式会社 Office SASAI
印刷・製本………中央精版印刷 株式会社

Printed in Japan　ISBN 978-4-594-08734-0